夫婦の断絶、親子の断絶、世代の断絶から蘇るための

ドクターと牧師の対話

〜コロナウィルス禍における、

信仰者と医療者が道を拓く〜

著者　石井 希尚
吉野 敏明

監修　吉野 純子

はじめに

２０２０年、ダイヤモンドプリンセス号での新型コロナウィルス感染により、日本での新型コロナウィルスの騒動が始まった。この頃は未だどんなウィルスか、どんな症状なのか、あるいはどれだけの危険なウィルスなのかが不明だった。その頃、よしりんこと私、吉野敏明は、当クリニックで行っている量子物理学的な治療がこの問題を解決できるのでは？と東奔西走していた。現時点でも、量子物理学的治療は眉唾扱いされ、非科学的なインチキ治療と揶揄されているが、これは歴然とした科学であるし、後述する在日アメリカ海軍の汚水処理をしている実用科学でもあるのだ。有名な量子波動を計測するメタトロン（詳細は、「量子波動器メタトロンのすべて　未来医療はすでにここまで来た！」著：吉野敏明・内海聡　他　ヒカルランド　２０１７出版）や量子波動器機の **Bicom**、血管内レーザー照射機の **MLLDS** などが医療系の器機としてすでにあり、これらは全てが旧ソビエト連邦にて、発明・開発された量子物理学的器機だ。これらを用いることで、ウィルスの波動を消して不活性化する、あるいは治療をすることが可能なのだ。

そこで、我々は同年２月に、元自由民主党政務調査会調査役で現在政治評論家の田村重信先生のご縁で、加藤勝信厚生労働大臣（当時）のところに赴き、「このままでは東京オリンピックが開催できなくなる。我々でよければ、この在日米軍にも使用している量子物理学的方法で、新型コロナウィルスを駆除し、解決するための努力を無償で行う。この量子物理学的手法を試してもらいたい」と伝え、快諾を得た。「この手法は、現在でも在日米軍の第七艦隊の汚水処理として使われてすでに何年もの実績があり、この方法であれば、ダイヤモンドプリンセス号の乗員を全て救うのみならず、日本も新型コロナウィルス感染から救うことができる」と申し出たのだ。

また、この方法もYouTube（https://www.youtube.com/watch?v=vHXADhey9QQ）で公開（Viewpointo 公式チャンネル 新型コロナウィルス対策はこれだ！ シオンテクノロジーで不活性化）し、３５０００以上の視聴を得ている。しかしながら、加藤大臣からは「テストはしたが、結果は伝えられない」と言われた。「この方法が効かなかったのですか、それともテストしていないのですか？」と問うと、「それも言えない」という、にべもない返答だった。

しかたなく、我々は外国人記者クラブでこの量子物理学的手法を発表しようと試みた。予約もとれ、英語の原稿チェックも終わり、あとは米軍関係者、田村先生、この汚水処理をしている企業の会長、そして不肖私の４名で記者会見するのみとなった。

ところが会見の二日前になって「記者会見を中止してもらいたい」という連絡があったのだ。理由を尋ねると「それは言えない」という、加藤大臣と同じ返答だ。

ここで私は気がついた。もう、**この問題は政府にも手が負えないのではない。政府もコントロール下にあるのだ！**と。そこで、私は同年3月29日に緊急セミナーを開催し、二百数十名の参加者に、この新型コロナウィルス真相と量子物理学的対策を詳らかにした。その頃、今一緒にYouTubeチャンネルをやっている張徳義氏から連絡があり、「新型コロナウィルスの真相を、是非僕のYouTubeで話してもらいたいのですが、お願いできませんか？」と言われたのだ。当初は、一回だけの放映の予定であったが、処方面から、是非続きを、また続きを…と言われている間に、閲覧数が激増して多い物では15万以上の視聴番組となった。私は、保険医を返上しているので、当該機関や施設からの指導もないので、真実を言い続けた。繰り返し、繰り返し、自分の良心と倫理観にもとづく行動をとるだけにした。これは私の信念であった。

そして２０２０年６月、私は神谷宗幣さんという方に出会った。神谷さんは、イシキカイカク株式会社代表取締役で参政党事務局長、龍馬プロジェクト全国会会長だ。日本の既成政党は、右から左まで経済団体・労働組合・職域団体・宗教団体の利権団体の代表に成り下がってしまい、多くの人が、もう投票したい政党がなくなってしまった。そこで、神谷さんは自分が投票したい政党を作ろうということで、参政党のファウンダーとなっている。その参政党に、私の大学の先輩がいて、新型コロナウィルスの正しい情報を発信している吉野という人がいるが、後輩なので紹介しようか？ということで神谷さんと出会ったのだ。

私と神谷さんは、一瞬で意気投合し、さっそく神谷さんのYouTube番組のCGSで、新型コロナウィルスのみならず、医療問題の本質も話すこととなった。都合、CGSには30本くらいの番組に出演させて頂いた。また、私も参政党のセミナー講師として、ちょくちょく講演をさせていただくようになった。

あるとき、神谷さんから「WeRiseという、新型コロナウィルスの真実を、各分野の専門家らが講演するイベントがあるのですが、吉野先生もでてくれませんか？」と打診された。「このWeRiseの企画は、Heaveneseというバンドが企画し、音楽とセミナーのセッションの形をとっているのですよ」と言われたのだ。当初、私は「音楽とセミナー？一体なぜ？」という感じで違和感満載であった。ところが、イベントが始まって、Heaveneseの音楽を聴いたら、震えがでたのだ！そう、魂の震えが止められなかったのだ！

「なんだろう、この感覚は？　なんだろう、この魂の揺さぶりは⁉」

オープニングの演奏の後、武田邦彦先生の講演、その後私の講演、藤井聡先生や矢作直樹先生の講演、大トリはうつみんこと、内海聡先生の講演だ。そして、そのあとがHeavenese のリーダーのMarre（以下、マレ）さんの、音楽と講演がフージョンした、ライブ？　講演？、兎に角マレさんの音楽と融合した講話だ。この講話を聴き、いや体全体で感じ、私は涙が止まらなかった。感動でもない、喜びでもない、何か神に守られているような安心感と心地よさ、何よりこの世に生まれて本当に幸せなのだ…という、郷愁にも似た感覚に、私は包まれたのだ！

その時からだ。このマレさんという人に興味が湧きだしたのは…。私は、マレさんの番組を見るのみならず、彼の著作を読んだり、その音楽を聴いたりし始めた。最初は何でミュージシャンが新型コロナウィルスの真相解明のセミナーをするかと思ったが、マレさんはミュージシャンである前に、牧師であり、聖書研究家であり、人格者であった。

私は、このことに気がついたとき、イチローがＷＢＣ（ワールドベースボールクラッシック）で日本が優勝したときの記者会見の言葉を思い出したのだ。

「メジャーには、本当に尊敬すべき成績を残した選手が沢山いる。これは本当にすごい記録だと思う。しかしながら、野球界には人間として尊敬できる人間はただ一人もいない、王貞治さんを除いて。王さんは野球選手である前に、世界記録保持者である前に、セパ両リーグを監督として日本シリーズで優勝させた名将である前に、人格者なのだ。」

　そう、マレさんは、牧師でもあり、聖書研究家でもあり、ミュージシャンでもあり、人格者なのだ！「師は弟子を選べない、弟子が師を選ぶのだ」という諺があるが、**私にとって、マレさんは師です**。だから、どうしてもこの新型コロナウィルスとワクチンでぐちゃぐちゃになった、この世の中をどうにかするには、尊敬する私の師のマレさんが必要なのです。

　私は、マレさんに惹きつけられ、それまでも聖書は読んでいましたが、マレさんに会ってからは、なお一層聖書に深くかかわりたいと思い、毎日の生活の中に聖書があるようになりました。本書を読んでもらえばわかりますが、**宗教と信仰は違います**。会社の経営者や創業者に信仰深い人が多いのは、自分の力だけではどうにもならないときに、信仰深い生活をしていると、大いなる力によって問題が解決することを体感しているからです。私もその一人でしたが、マレさんとの出会いによって、聖書を初めて正しく勉強することができ、私が理解し始めたこのことで、このコロナ禍の世相を何とかできるのではないか!?　と思い始めました。

これが、私のマレさんとの出会い、そして本書をマレさんと著したいと思った、私の偽らざる気持ちです。マレさんと出会った短いようでとても長くて大切な半年間。まるで、神の力でプラットホームに連れてこさせられ、そのまま一緒に超特急の席に並んで座りながら、善行の旅をしているような気持ちです。

是非、本書を読むときに、私のこの思いを感じてください。

2021年8月吉日

吉野　敏明

もくじ

序章

1．コロナ禍の時代、なぜ牧師とドクターが対談する必要があるのか？

吉野敏明（通称、よしりん、以下吉野）：マレさん、こんにちは。コンサート前の準備でお忙しいところ、お時間いただきまして、ありがとうございます。

石井希尚（Marre、以下マレ）：とんでもないです。こちらこそありがとうございます。

吉野：早速ですが、今回この対談の目的ですけれども、新型コロナウィルスが大問題になっている世界の状況下において、新型コロナウィルスの解説本ですとか、それからこの騒動はウソだとかという暴露本は、もうある程度出切っていると思うんですね。そのウソを暴いたところにしても、たぶん国民の考えは変わらないと思うんです。例えば私が講演で、**「私の母がワクチンを打ちたいと言っているのですが、どう説得すれば、打たないようにできますか？」という質問をされるんですよ。**

どんなに正しいことを科学的に説明したり、医学的な正当性を訴えたとしても、人の心はそんなに簡単には変わらないじゃないですか。

マレ：全くその通りだと思います。ある代議士の先生がいるのですが、その方はとてもシャープで、今回の一連の騒動の経緯が全部分かっています。それでもワクチンは接種しました。（笑）

吉野：そうなんですよ。だから人って、真実とか正義とかでは動かないでしょ。僕はマレさんのライブやHEAVENESE style、Bible Reality等を拝見していますが、いつも最後にマレさんが視聴者の魂を鼓舞するように語り掛けるんですね。あれを見ると僕はもう、涙が止まらないんです。人の心を揺さぶるという力がなければ、人の行動は変えることはできないと思います。もうこのコロナ茶番の今後の対策の段となると、真実を訴えるだとか、署名活動をするとかではなくて、**その人の魂を揺さぶらないと、もうやる意味がなくなっているる**んじゃないかと、僕すごく思っているんです。それで、僕が尊敬して止まないマレさんと対談させてもらい、**科学と信仰を融合させる対談**をして、読者の魂を揺さぶりたい、その揺さぶられた魂によって、世界のみんなが真実に気がついてもらいたい、というのが僕が対談を提案した理由です。

マレ：どうもありがとうございます。

吉野：マレさんはミュージシャンであり、作家でもあり、聖書研究者であって、でもその前に※牧師である。悩める人々を信仰者としてガイダンスをしていますよね？

マレ：そうそう。一番お金にならない牧師という仕事が、僕のライフワークであり、僕はキリストの弟子なんですよ、基本はね。

吉野：僕は、**マレさんでなければ、今の新型コロナウィルスの騒動の問題の解決の糸口を見つける為の本は作れない**と思いました。だから、お

※牧師と神父
「神父」はカトリック教会、または正教会、東方正教会の聖職者。「牧師」はプロテスタント教会の聖職者

願いした次第なんです。その為には、**人間の思いとは何なんだ、人間が信じるとは何なんだ、そもそも人間とはどんなものなのか**、という事をよく理解していなければならないと思うんです。その上で、感染症である新型コロナウィルスの問題を、科学である医学、そしてそれを信じる人間の心や信仰や魂の問題を議論しなければ、何も解決しないと考えました。

そもそも何かについて話をするときに、その問題点の言葉の定義、そして、その問題の歴史や始まりとを明確にしないと、ただの論争にしかならないと思うんです。だから、今回はあらゆるものの原点に帰って、対談が出来ればと思っています。マレさん、よろしくお願いします。

マレ：こちらこそです。

2. 宗教とは何か？宗教と信仰の違いについて

吉野：マレさんに最初に伺いたいことがあります。人間の思考というのは、その人が生まれつき持っている気質に加え、後天的にその人に与えられた環境の影響が極めて大きいと思います。人間の思考や国のあり方は、その人や国が信仰する宗教が大きく影響していると思うのですが、そもそも宗教というのは一体何なんでしょうか？

マレ：僕は宗教を語るとき、特に日本の場合は、明確に「宗教」という言葉と「信仰」という言葉を分けて使っています。人々には、一般論的に宗教に対するイメージというものがあると思うんですね。それで日本人はとにかく宗教ってものが嫌なんですよ。僕自身の個人の経験からも見ても、宗教という物が嫌でしょうがなかった人間なわけですよ。宗教は人民の※アヘンだっていう考えもあるじゃないですか。歴史的観点からも、洋の東西を問わず、あらゆる※為政者が人民を支配するために、その※スキームとして宗教と権力と必ず一体化させてき

※アヘン
ケシの実から採取される果汁を乾燥させたもので、いわゆる麻薬。

※為政者
政治を行なう者。為政家。当局者。

※スキーム
枠組みを持った計画。基本計画・基本構想。

た、という明確な歴史があるじゃないですか。例えば※宗教裁判もそうだし、※魔女狩りもそうでしたよね。

吉野：そうですね。

マレ：だからこういう歴史的事実を踏まえて、日本人の宗教というものに対する一般的な印象としてはマイナスのイメージがあって、宗教嫌いという人が多いと思うんですよ。それは僕も同じで、その感覚は共有できます。だから僕はあえて「宗教」を使わずに、「信仰」という言葉を使っているんですよ。

吉野：わかります。

マレ：信仰というのは英語で言うと、faith。英語だと例えば普通の会話で、〝Have faith in you〟と言うんですよ。自分を信じろよと言うときに、faith を使ったりするんですよね。つまりすごく強く信じる心、

※宗教裁判
ローマ・カトリック教で、異端者、教理に相反することを説く者を処罰するため、教会内に設けられた特別な裁判制度、13世紀に確立した。

※魔女狩り
キリスト教徒の間で，魔女とされた人々（男性も含む）に加えられた摘発，投獄，拷問，裁判，処刑，追放などの迫害行為。あるいは法的手続を経ない私刑等の一連の迫害を指す。

信じる（believe）よりはもっと強い思いを英語では faith と表現する。そして、それは日本語に訳すと信仰になるんですよね。宗教と言うと、団体があったり、組織があったり、教祖がいたり、あと宗教儀式があったりとか、それに付随するイメージがあって、マイナスのイメージが盛りだくさんなんですよ。

吉野：確かにそうですね。

マレ：それと本質的に「何かを信じて生きる」ということとの違いを明らかにするためには、僕は敢えて、**「アンチ宗教で信仰を持て」**と言っているんですね。だから、宗教とは何か？と言ったら、今のような言語的な皆さんが思っている意味、イメージを踏まえて言うならば、**「宗教とは人民を惑わすアヘンであり、支配者が使うスキームである」**と言えます。

吉野：確かにそうです。

マレ：でも、信仰というのは違います。宗教とは違い、**信仰は、何をどのように信じるかという、信じ方の問題**になってくるんですよ。人は何をどう信じているかということで、自己概念が心の一番深いところにできます。その自己概念がその人の外に現れてくるわけです。つまり、**人は信じている通りにしか、生きられない**。僕は、これを常々言っているんです。

吉野：完全に同感です。医療の世界でいう「病は気から」という言葉が正にこれです。患者本人が自分で自分を治せると信じていなければ、治療の開始すらできませんもの。やはり、信じることが治療のはじまりです。

マレ：さらに、この信じ方が大事で、「何でも自由に信じていいじゃないか」というわけにもいかないのです。確かに、法律的には、※信教の自由があるからそれでいいですけど、ではどんなものでも好きなように信じたら有益となるかと言ったら、そんなわけないですよね？信じ

※信教の自由
宗教を信仰し、宗教上の行為を行う自由。日本国憲法が保障する信教の自由は、自己の欲する宗教を信仰し、布教・宣伝等の宗教的行為を行い、宗教団体を設立する自由、を主たる内容とする。

るに足るもの、あるいは根拠のあるものを、しっかりと個人個人が選択していくということが大事だと思っています。そこの違いを出来るだけ正しくお伝えしています。

吉野：お釈迦様だって、本当は例えば経典をつくりなさいとか、仏像をつくれとか言ってないし…。断食しろとも何も言ってないし、四つ足動物食べちゃダメとも言ってないわけですよね。

マレ：そうです。

吉野：キリストだって、釈迦と全く同じだったと思います。だから本来は宗教が信仰だったのだけれども、信仰と宗教を分けないと、僕らが解釈できなくなっているんですよね。為政者が人民支配のためのスキームとして宗教を利用してきたから…、ということですよね？

マレ：そうです。キリスト教なんてその最たるもので、だからこそ僕はライフワークとして、**「キリスト教と聖書とは違いますよ」**ということを、世界中の人々にとにかく伝えなきゃいけないと。それをやっている人はアメリカにもいるんだけど、特に僕の場合は、「日本人が最も聖書がわかる国民なんだ」ということが言いたいわけなんです。なぜかと言うと、非キリスト教文明である日本文明の方が、キリスト教文明であるヨーロッパ文明よりも聖書的だからです。歴史的に見てもそれは明らかです。キリスト教の歴史というのは、たとえば、白人至上主義による、植民地拡大と文化破壊などは、正に非聖書的なわけですよ。だから、キリスト教を信じちゃダメだし、キリスト教があるから、人々は聖書を読みたくなくなるんです。これは、キリスト教の罪なんですよ。

こういうこと言っているから、僕はキリスト教会から嫌われる。いろいろ酷い目にあってきましたけど、しょうがない。言うしかないの……。

吉野：私が同業者から嫌われているのと同じ（笑）！

マレ：そうそう。同じ同じ。絶対同じ、ここは（笑）!!

吉野：僕も言葉で言うところの信仰というのはとても好きで、信仰心は自分でいうのもなんですけどとても篤いですよ。毎朝、神にお祈りもするし、毎晩寝る前にも神にも報告するし、それは僕が信仰心が篤いからだと思うし…。だから僕は、**人間というのは元々信仰心がとても篤い生き物で、そこが動物と違う生き物だと思う。毎日、創造主である神様と約束をするんですね。**

マレ：全くそのとおり。つまり、これはもう正に人間をどう理解するかという話なんだけど、例えば古代からの色々な文明を調べれば、原始的な古代の何々部族とか、そういうところにも必ず祭壇があって、必ず拝んだりするわけですよ。あらゆる文明、あらゆる時代、あらゆる人種に必ず今で言うところの宗教儀式的なものがあり、みんな目に見えない、いわゆる神様という存在に対するお祈りをする。そして必ず共通してあるのは、捧げもの。つまり人間は集団潜在意識の中で知っていると僕は思っているんですけど、**何か犠牲を捧げないといけない存在である。許してもらうために、何かを捧げないといけないという、この概念が人間の遺伝子の中にしっかり入っている。**だから形は違えど、みんな捧げものをしているんですよ。いろんな変な、いかがわしい儀式もあるけれども、それも全部、結局これで穢れを祓うっていう概念なんですよ。

吉野：日本人に身近な、神社でもお寺でもお供えをしますもんね。

マレ：聖書は、全ての人間が罪人なんだと教えていています。そのとおりに、人間はみんな許してもらわないといけない存在だということを知っている。だから**人間は許してもらうために宗教を始めてしまう。**つまり、「人間は神の前に許されるべき存在で、罪を許してもらい受容され、神との正しい関係を持って生きないといけないのだ」ということを、元々人間は知っているということなんですよ。知っているからやり始めるんですよ。それを利用して、信仰をいろんな形の宗教にしてしまう。その中にいけないものがいっぱい出てくるんですよ。

吉野：全くそうです。ここを理解していないと、今なぜこのような状態になっているのかがわかりませんね。信仰と宗教の違い、分かりやすい説明をありがとうございます。

3. 医学とは何か？ 宗教と医学の接点と分断について

吉野：では次に宗教、いや信仰と言い換えてもいいんですけれども、信仰と医学の接点について論じてみたいと思います。
医学も実は歴史はとても古い。医学を文字として残した最初の文献は「※ヒポクラテスの誓い」ですから、紀元前ですよね。ただ医学と言っても哲学に近いんですよ、昔のはね。だから**実は、医学も信仰なんです**、本当はね。接点と僕は敢えて言いましたけど、本当は融合しているものであって、分けるべきではないと思うのですが、そこはマレ

※ヒポクラテス
紀元前460年頃～紀元前370年頃。ギリシャの医師。
「ヒポクラテスの誓い」は、医師の職業倫理について書かれた宣誓文。世界中の西洋医学教育において現代に至るまで語り継がれている。

さんどう思いますか？

マレ：それはすごく深い。流石、よしりんは目のつけどころが深いと思っていて…。そもそも僕は人間をどう理解するかということ、つまり、人間の存在が何なのかというところが重要だと思っているわけです。例えば、僕の場合はカウンセリングやっていても、人間を精神的な生き物として捉えるということがまず前提にあって、それが肉体に宿っていて、さらに例えば神事とかそういう話になってくると、もっと深い霊的な奇跡を体験したりとかあるんだけど、精神、肉体、霊性そういうものが三位一体になった存在が人間であるとして理解するじゃないですか。

吉野：そうですね。

マレ：例えば、日本だって江戸時代までは、病気とかよくわかんないものはみんな※モノノケの仕業になっていましたよね。つまり、もう分

※モノノケ
人にとりついて祟(たた)りをする死霊・生き霊・妖怪の類。

からないものは神様の領域っていうふうに素朴に思っているわけです。科学が進歩する前であればあるほど、そういう素朴な考え方が強かったと思うんですね。

吉野：全くその通りですよ。東洋医学でも、感情、その感情を担う臓器、その臓器が患う病気を三位一体とみています。五臓を掌る感情を支配する内臓感覚の事を神（シン）といい、この神（シン）と、病気と、臓器は三位一体と診るのです。

マレ：例えば、僕はミュージシャンじゃないですか。最初の音楽って雨が来ないときに「雨乞いの歌」を歌った、骨を叩いて、声を上げて…。それも結局、神に対して為されたものだから、音楽の原点は信じる対象と密接に結びついているわけですよね。インスピレーションという言葉は「上からくる」という意味であるように…。そもそもが、**人間が神との関係で生きているという前提のなかで全てが生まれてきた。**科学がまだ進歩していない時代の昔の人は、今とは違う、こういう素朴な理解がもっとあったのだろうと思うんです。僕は素人で医療の歴史は専門外なので、僕が理解している範囲内で知っている事、そして僕が色々考えるところによれば、医術をやっていた人というのは、お祈りとかお祓いとかをやる人で、そういうのがすごく原始的な医療として存在していた、と思うわけなんですよ。だから神事、つまり神の前にどうするかということと深く結びついているところから、全てスタートしているという理解を僕は持っていて…。医学というのは、そういうことじゃないですか？

吉野：そうです。これは最後の方にこの話とつなげようと思っていたんですけどね。これを分断したのが※ロックフェラーなんですね。

マレ：なるほど。

吉野：そもそも、先ほど言ったヒポクラテスが、歴史上、医者が何たるかを最初に定義しました。その定義とは、治療ができるとか、診断が

※ロックフェラー
アメリカ合衆国の企業家、富豪の家系。ロックフェラー家－フランス系ユグノーに起源を持つ南ドイツのプロテスタントの家系。

できるとか、あるいは頭がいいとかということは一切言ってないんですよ。**ヒポクラテスが定義した医者とは、「神と契約する人」**とあるんです。「医の神アポロン、アスクレーピオス、ヒギエイア、パナケイア、及び全ての神々よ。私自身の能力と判断に従って、この誓約を守ることを誓う。」という文章から始まるんです。

マレ：医者とは、神と契約する人だったんですね！

吉野：そうです。でも今は、例えばお医者さんが患者さんのほうを、何も見ないで、コンピューターでパチパチやりながら、「異常はないですね。血液検査は正常ですよ。ＣＴもＭＲＩも異常はないですよ。気のせいですよね。じゃあ、とりあえず安定剤を出しときましょうか」というのは、祈りもないし、音楽もないし、心に響かせる言葉も出てこないわけですよ。でも、ロックフェラー達は医者をそうしたかったんです。だからどうしても医者を、呪術者とか芸術家とか宗教指導者から切り離したかった。これが、１８５０年ぐらいから行われてしまったんです。正に今のこのワクチンとか、それから抗ウィルス薬をばら蒔くっていうのと同じことを１８５０年ぐらいにやられてしまった。もう１７０年ぐらい前かな。だから**今回の騒動の一番最初の出来事は、今からもう１７０年ぐらいも前のこと**なんです。

本来、医者というのは先ず哲学者であって教育者であり、それこそ芸術家でもあって神学者でもあって、芸術家も哲学者であって医者でもあってっていうふうに、良い意味で境界線がなかったはずなんです。

マレ：医者は、そもそも哲学者だけでなく、神学者でもあったと。

吉野：今、ＷＨＯ出身の医師が公衆衛生学の専門家だとか、旧帝国大学の医師が数理疫学の専門家だとか、アイソトープの専門家だとか、こいつらが、政府の専門者会議や国会でいろんなことをいっているでしょ？ そもそも、医者は※ゼネラリストの筈なのに、その医者がスペシャリストになって、さらにその分野のスペシャリストになっている。

それが今回の新型コロナ騒動が、ロックフェラーをはじめとするい

※ゼネラリスト
ゼネラリストとは多様な専門性を活かして総合的判断する人を指し、スペシャリストとは特定の専門分野に精通している人をいう。

わゆるＤＳ（※ディープステート）に、彼らの思い描く世界を作るために医者が操作されている、医療界がそうなるように仕掛けられているんだということを、何とか多くの人に理解してもらうにはどうすればよいのかという思いからこの企画をさせていただいたんですけどね。

４．古いものほど科学的?! 古代医学の奇跡の治療は現代量子物理学で解明できる！

吉野：ちょっと脱線ついでに話すと、「降りてくる」という言葉がありますよね？　さっき、図らずもマレさんがインスピレーションって下りてくる意味だと言いましたけど、昔の人っていうのは、頭上から何か降りてきて、脳に入って、それが体に入ってきて、行動したくなって、最終的に子孫である子どもたちが生まれ出る、というふうに考えていたんですね。これがいわゆる※チャクラと言われるものです。頭上から降りてきた信号を一番上にある第７チャクラでキャッチし一番下

※ディープステート
日本語では「影の政府」「闇の政府」などと呼ばれ、選挙によって正当に選ばれた政府とは別の次元で動く「国家の中の国家（state within a state）」のこと。「国際金融資本家」とも呼ばれ、元々はロスチャイルド、そしてロックフェラーといったユダヤ系の人々である。

※チャクラ
サンスクリット語で「車輪」、「回る」という意味がある。人体には７つのチャクラがあり、簡単にいうと「エネルギーが出入りしている場所」である。人間のエネルギーはこの「チャクラ」を起点にして、車輪のように絶えずグルグルと回って、活力を生み出していると考えられている。

の第1チャクラにつながっていくというわけです。では科学が発達してきて現代はどうなったかというとそれは宗教だ、まじないだと言われてしまうわけですよ。

昔は※ガレノス医学だとか、※イブン・スィーナー医学とか、ギリシャ人もイスラム人もペルシャ人も、みんな信じていたものが、人体解剖がルネサンスから始まって、これら医学の中心をなす四体液説などが間違えがあることが分かってきた。さらに、だんだん本当に科学が進歩してきて、量子物理学的なことまで解明されてくると、今度はチャクラというものが量子物理学的には証明できるようになってきたのです。松果体というのが脳にありますけど、ここは目と同じ器官で、我々人間は退化していますけど、両生類、爬虫類まではちゃんと角膜もあって、レンズもあって、硝子体もあって、網膜があって、本当に第3の目なんです。これを※顱頂眼（ろちょうがん）というのですが、これがどんな働きをしているのかと言うと、光の電磁波とか、月の電磁波とか、木星の電磁波とか、太陽の黒点とかを捉えている。我々の目は可視光線だけを捉えているのですが、この松果体によって、自分

※ガレノス
ローマ帝国時代のギリシャの医学者。臨床医としての経験と多くの解剖によって体系的な医学を確立し、古代における医学の集大成をなした。彼の学説はその後ルネサンスまでの1500年以上にわたり、ヨーロッパの医学およびイスラームの医学において支配的なものとなった。

※イブン・スィーナー
ペルシャの哲学者・医者・科学者。イスラム世界が生み出した最高の知識人と評価され、同時に当時の世界の大学者。「第二のアリストテレス」とも呼ばれ、ヨーロッパの医学、哲学に多大な影響を及ぼした

が何年何月何日の何時何分のどこにいるかということを把握できるようになっているんです。

そして、**第7チャクラ**であるカレンダーとGPSの補正を行うのが視覚・聴覚・嗅覚・味覚などがある頭部顔面の器官、これが**第6チャクラ**となるのです。次の**第5チャクラ**は喉のあたりにあります。その役割は第7、第6チャクラで受け取った直感であったり、霊的なイメージつまり抽象的なイメージを文字や言葉や音といった具象的な表現体系にエネルギー変換することです。例えば直感で沸いたイメージを歌にしてみたり、文章に起こしてみたりすることです。そして人が行動を起こすときは交感神経優位になるのですが、この交感神経を刺激するのが甲状腺ホルモンであり、これを作り出すのが喉元にある**第5チャクラ**である甲状腺というわけです。

マレ：へー！

吉野：**第4チャクラ**は胸の中心、つまり心臓あたりにあります。東洋医

※顱頂眼
両生類や爬虫類では、松果体の一部の副上生体が発達して、頭骨の穴（顱頂孔）から皮膚の下へ顔を出し、第三の目の構造を呈する。これを顱頂眼という。絶滅した両生類や恐竜に顱頂眼があった。太陽光の熱量を測って，体温を一定に保つのに役立っていると考えられる。

学で言うと、ここは道徳観とか倫理観という概念で、人が行動を起こすときにそれをやって本当に大丈夫なのかって問いかけるところがここなんです。**第3チャクラ**はみぞおちあたりにあります。第4チャクラで自分自身に問いかけたものに対して、自分の中で納得し自己の方向性を確立する場所です。「腑に落ちる」という言葉がありますが「腑」とは正にみぞおちの辺りにある胃や膵臓などの臓器のことなんですね。**第2チャクラ**は、臍のあたりにあり、第3チャクラで確立した自己の方向性に対してそれが本当に安心できるのかできないのか、それが本当に人間の喜びになるのかと問いかける場所なんですね。最後に**第1チャクラ**、これは仙骨、生殖器の辺りにありますが、そこに降りてきて初めて生きることの基盤となる本能的な生殖活動、出産という行動になるんですね。

それぞれのチャクラの周波数を調べてみたら、量子物理学的には本当にそれらの感情が対応する臓器から発しているのが分かるんです。

つまり、今から二千数百年前に言っていた、ギリシャ医学、イスラム医学みたいなことが、今は証明できるんです。**科学が進歩すれば進**

歩するほど、昔から言われてきたことが正しかったんだということになってきたのです。

マレさんが仰っている、**「聖書に書かれていることが科学が発達すれば発達するほど現実のものになる」**のと全く同じなんですよね。

マレ：それは面白いですね！

吉野：そう。だから医学書に書いてある、昔はまじないだったとか、インチキだとか言っていたのが、だんだん今正しいと証明されつつあるんですよ。だから古いもので残っているものほど洗練されているというのは、こういうことなんですね。実はこっちのほうが科学的だと思います。宗教とは、あるいは医学とは、人間とは何か？　ここをちゃんと分かっていないと、これからする話というのは、ただの意見のぶつかり合いみたいになっちゃうと思うんですよ。ここまでの話はどんな学問をやっている人でも、多分理解してくれると思うので長かったですけど（笑）。序章としてお話させていただきました。ちなみに、さっき触れた古代医学者のイブン・スィーナーも、もともとは哲学者です。

マレ：黙示録には※ペルガモという地域が出てきて、黙示録が書き送られた場所の一つですけど、そこは医学が発展した場所とされているんです。僕はその古代ペルガモの遺跡に行ったことあるんですけど…。そこに癒しのトンネルがあったんですよ。その上でいろんなハーブなどの身体に良いと言われるものをガーっと炊いていた。そしてその何十メートルとあるトンネルを病人が歩いて通り抜ける、トンネルを抜ける頃には病気が治っていると…。そういうのが病院だったそうなんです。それが良いか悪いかって話ではなくて、現代の医者たちは、そんな非科学的なって言うかもしれないことが、さっきのよしりんの話でもあったように、その成分とかいろんなもの調べていくと意外と合ってるよね、ということはきっと多いんでしょうね。

吉野：本当にその通りだと思います。

※ペルガモ
小アジア（アナトリア）（現トルコ）のミュシア地方にある古代都市。スミュルナ（現イズミル）北方のカイコス川河畔にあり、エーゲ海から25キロメートルの位置にある。初期キリスト教の重要な中心地で，新約聖書『ヨハネの黙示録』に記述された「七つの教会」の一つの所在地。

第一章　人間は、どこまでこの世を理解しているのか？

1. 医学の始まりとは神の存在に誓いを立てたものである

吉野：それではやっと第1章に移りますね（笑）。「人間は、この世をどこまで理解しているのか？」ということを論じてみたいと思います。

この話をするにあたって、改めて医学とは何か？という話をしますね。医学を語るにあたって、避けては通れない人物がいます。それは最初に述べた、ヒポクラテスという人物です。ヒポクラテスは紀元前5世紀にギリシャ・コス島で生まれた医師で、それ以前の※呪術的医療ではなく病気を自然の現象として捉え、科学に基づく医学の基礎を作ったとされる人物で「医学の祖」と言われている人物です。ヒポクラテスの教えは、当時は口伝で弟子たちに引き継がれていったのですが、やはり文書にしようとのことで紀元前3世紀ごろに編纂されたものが「ヒポクラテス全集」という世界で最古の医学書です。その中に「ヒポクラテスの誓い」という件があるんですね。

マレ：ほう。

※呪術的医療
医療専従者のうち医療効果の根拠を超自然的なものに求めるもの、もしくは周囲の人間によって超自然的な根拠によって治療する能力があるとされる者のこと。

吉野：そのヒポクラテスの誓いは最初に「医の神アポロン、アスクレーピオス、ヒュギエイア、パナケイア及び全ての神々よ。私の自身の能力と判断に従って、この契約を守ることを誓う」とあるんです。つまり、**医者というのは、まず神様に契約をしなくてはいけない**。これが医者なんだと言っているんですね。いろんな神様に契約するんですが、その中にアスクレーピオスという医の神様がいる。その神様との契約には最初に「この医術を教えてくれた師を実の親のように敬い、自らの財産を分け与えて、必要があるときは助ける」とある。自分にはもちろん師匠がいるんだけど、その師匠にも師匠がいて、つまり延々と師匠という存在がいるわけです。その人たちのことを親だと思いなさい。それで、「自分の財産を分け与えて、弟子を育てなさい」と。まず、医者の定義が先ずこれなんですよ！

だからどこかの新型コロナウィルス感染対策分科会会長のように、自分が理事長を務める法人に二次補正予算65億円もらいましたとか、ダメだよね、そんなことやっちゃね。もう医者の道から外れているわけですよね。

マレ：確かにそうだ。

吉野：次に「師の子孫を自分の兄弟のように見て、彼らが学ばんとすれば報酬なしにこの術を教える」とあります。私のクリニックには、ホントに沢山のドクターが見学・研修に来ています。今日は内科の先生が来ていましたが、明日は小児科の先生が来ますし、金曜日はまた別の内科の先生が来ます。月に2回ぐらい心臓外科の先生も来ますけれども、みんな彼ら真面目だからこう言うんですよ。「吉野先生、研修させていただくにはおいくらお支払いすればよいですか？」と…。だから、僕は「お金はいらないって。一切あなたたちからお金を取ることはない。」と言うのね。本当にこの先生たちとは疑似家族だと思っているので、その人たちが医術を覚えなければいけないと思っているなら、それを無償で与えるんです。それから**「著作や講義、その他あらゆる方法で医術の知識を、師や自らの息子、また医の規則に則って契約で結ばれている弟子たちには分かち与え、それ以外には誰にも与えない」**ということです。つまり、きちんと親子の契りを交わしている人たちに対して教えるのであって、**むやみやたらに耳学問、目学問で教えると、事故が起こるから教えちゃいけないんだよ**ということを言っているんですね。さらに「**自分の能力と判断に従って、患者に利すると思う方法を選択し、害と知る治療法を決して選択してはならない**」とある。当たり前ですよね。そして「依頼されても人を殺す薬を与えない」と。これあとにも出てくるんですけども、やっぱり堕胎はいけないとも言っているの…。

マレ：うんうん。

吉野：それから「生涯を純粋と神聖を貫き、医術を行う」と。この医術というのが大事で、医療じゃないんですよね。術なんです。医術は二つあって、テクニックと日本語で言うところの※呪禁（ジュゴン）。言葉を使って治しなさいっていうのが、一番大事なんだと書かれているんです。

※呪禁
まじないを唱えて物の怪（け）などの災いをはらうこと。

マレ：へー！

吉野：また「どんな家を訪れるときも、そこの自由人と奴隷との相違を問わず、不正を犯すことなく医術を行う」ともある。これはキリストが言ったのと同じで、「奴隷であったとしても、貴族であったとしても、全く同じことをしなさい」と言っているんですね。それから「医に関するか否かに関わらず、他人の生活についての秘密を守る」とも。つまり、現代でいう※守秘義務のことが書かれてある。これも患者の秘密を守るということだけじゃなくて、医の道を担った者はありとあらゆるこの世に存在する秘密と言われるものを守ることができなければいけないと言っています。「この誓いを守り続ける限り、私は人生と技術を享受し、全ての人から尊敬されるだろう」、「しかし万が一この誓いを破るとき、私はその反対の運命を被るだろう」と書いてある。つまり尊敬されるべき人間にならなければいけないと。もしそうならなかったときは、その報いを受けると。以上がヒポクラテスが言った医者の定義なんです。

※守秘義務
公務員のほか、医師・弁護士など一定の者に課せられる、業務上の秘密を守る義務。

マレ：素晴らしいね、それ。

吉野：聖書みたいでしょ。

マレ：そういう医者がいるんですかね。「そういう医者になってくれよ、みんな！」って思う。

吉野：俺そう言ったら、内海聡先生は「吉野先生は偽善者だ」って言ったから（笑）。

マレ：これ習うの？　医者はみんなこれを習うんですか？

吉野：習いますよ。「※医療倫理」という講義でね。でもテストに出て、これ書いてテストに合格したら、おしまいなんですよね。

マレ：だから、ダメなんだよな。ただのテストのためのお勉強になっち

※医療倫理
医療の中で倫理的問題の解決への指針となる原則である。「自律的な患者の意思決定を尊重せよ」という自律尊重原則、「患者に危害を及ぼすのを避けよ」という無危害原則、「患者に利益をもたらせ」という善行原則、「利益と負担を公平に配分せよ」という正義原則からなる。

やっている。

吉野：僕は、これを本当に貫いているつもりなんです。まあ、出来ているかどうかは分かりませんけどね。自分の法人にも「※誠意と真実と敬い」という三つの柱があるんです。「誠意」って何ですか？ と言ったらウソつかない事。そして自分が辛い、苦しい時にこそ原点に返って、赤の他人に対して自分の家族よりも正しいことを施すことがなければ誠意ではない、というのが僕の誠意の定義なのね。「真実」は、それこそ正にウソをつかないことですね。「敬い」とは、患者さんを敬うとか、患者さんの家族を敬うだけではなくて、病気そのものに対しても敬う事。その感情がなければ、病気の本質が理解できない。だから、自分に降りかかってくる災難も含めて全部を敬う事、この以上の３つを会社が実践する哲学にしているんです。

この、「吉野敏明の哲学」を作るのに1年半ぐらいかかった。32、33歳ぐらいの時にすごく悩んで、それこそ聖書読んだり、仏教の経典を読んだり、ギリシャ神話を読んだりして、自分がこれからこれを柱

※「誠意と真実と敬い」
吉野敏明の人生哲学は「誠意と真実と敬い」であり、その吉野が設立した医療法人社団誠敬会の理念が「誠意と真実と敬いの医療」である。

に生きていくっていうものを決めて、この文章のどこに点を打つかとか、どの漢字を使うとか、どこで改行するかまで、もう本当に一生懸命やって作った。これは２００年ぐらいは絶対使える哲学にしたいと思って作ったんですよ。それをもって、「医療法人社団誠敬会」という法人の哲学としたんですよ。

マレ：素晴らしい！

吉野：だから、これが僕の考えている医学、そして哲学なんです。だから、人間をどこまで理解しているかという話に戻りますけれども、**人間という生き物はやっぱり裏切る**わけですよ。何回も何回もね。その都度、神様に叱られるわけです。そのときに、我々医者は神と契約した神の使いとして、「ほら見たことか、おまえは罰が当たったんだ」と絶対言ってはいけないと思います。そういう人であったとしても、絶対にその人たちを助けるということを神と契約して、医術を生業とすることになったのだと僕は思うので…。だから僕はマレさんのいろんなお話を聞いている時に、僕とマレさんは同じ仕事だなと、実は生意気ですけど思わせていただいたんですね。

マレ：その志、素晴らしいです！　全ての医者の鏡だ。

吉野：ありがとうございます。だから、**神の存在に誓いを立てないと本来は医療はできないはず**なんです。この神というのが、最初の宗教の話ではないですけど、**特定の神様ではない**んですね。**創造主というものに誓いを立てなければいけない**ということです。実はこの「ヒポクラテスの誓い」と似たような文章が西暦７０１年に制定された日本古代の法典である「大宝律令」の中の「※医疾令」にも出てくるんです。さらに言うと、どこの国の法律を見ても似たような文章が出てくるんですよ。だからどこまで人を理解しているのか？　というのは医者というのは、神に誓いを立てる職業である以上、マレさんのように牧師だとか、哲学者だとか教師だとかも、本来そうであると思いますけど、人間というものを理解できた上で成り立つ職業の一つではないかと

※医疾令
医師・女医などの育成（医生・針生・按摩生・呪禁生・薬園生など）や任用などの規定、薬園の運営や典薬寮および諸国の医師の職掌について扱っている。

僕は考えているのですが、マレさんどう思われますか？

マレ：素晴らしくてもう、付け足すことは何もないです。でも、この契約っていう概念が、すごく実は理解するのが重要で、よしりんの話聞いて、なるほどなって思いました。契約という概念を持っているから、朝起きて神様にお祈りする、つまり約束するんですよ。今の医療、いや医術の原点もその契約で成り立っているということですよね。聖書でいう人生というのは契約なんです。神との契約という概念の中で聖書は全部あるわけなんですね。新約聖書は、十字架の上で果たされたキリストの新しい契約で、その原点にあるのはモーゼの古い契約で、一番最初はアブラハム契約があって…、**神と人が契約を交わすという考えが根本**なんですよ。だから、**契約を破ったら破ったなりの報いを受けるというのが、すごく大事な概念**なんです。それをちゃんと理解しながら医術をやるということが、素晴らしいなと思いますね。聖書的な視点でやっているんだなって感じ。

そうだな。あえて言えば※ルカですね。「ルカの福音書」を書いたル

※ルカ
新約聖書のルカの福音書と使徒の働きの著者、医者であり歴史家だった。

カというのは、※パウロの伝道旅行の同行者だった人物です。パウロという人は新約聖書の後半のほとんどの書簡を書いている大伝道者なんですが、元々彼は、厳格なユダヤ教徒で、キリストを信じる者たちを迫害していたんだけど、復活したキリストに出会って、大伝道者になった。そのパウロの旅にずっと付き添ったのがルカ。彼は歴史家でもあり医者でもあり過酷な伝道の旅を続けるパウロの健康も支えたんです。よしりんの話を聞いて僕はルカのことがぱっと頭に浮かんだね。こういう医者が増えてほしいですね。

吉野：今日、実はここに来る前にギリギリまで※親知らずの抜歯オペをやっていたんですよ。下顎の骨の中で親知らずが歯周病菌に感染して歯周病になっていて、親知らずの根っこの周囲が歯石だらけになっていたんです。またその歯が下顎を支配している大きな動脈、静脈、神経が入っている下顎管という管に癒着しているわけですよ。そんな歯の抜歯に失敗すると、患者さんは一生下顎の神経麻痺が残るか、下手すると大量失血で死んじゃう。

※パウロ
初期キリスト教の使徒であり、新約聖書の著者の一人。イエスの死後に信仰の道に入ってきたためイエスの直弟子ではなく、「最後の晩餐」に連なった十二使徒の中には数えられない。

※親知らず
大臼歯（大人の奥歯）の中で最も後ろに位置する歯。第三大臼歯が正式な名称。永久歯の中で最後に発育する。生える時期が概ね10代後半から20代前半であり、親に知られることなく生えてくる歯であることがその名前の由来だとも言われている。

マレ：へー！

吉野：歯石の中には歯周病菌と言われているグラム陰性嫌気性桿菌だけではなく、少し専門的ですけど、それらの細菌の細胞壁にある※ＬＰＳ（リポポリサッカライド）という内毒素が含まれているんですね。そして、このＬＰＳは血管内壁を傷つけて血栓を作ってしまうので、ほんの僅かでも血管に入ってほしくないんです。下歯槽動脈の入っている下顎管と親知らずが癒着していて、親知らずに大量の歯石が付着しているということは、もうこの周囲は汚染物まみれになっているんです。だから、下顎管を傷つけないように親知らずを剥がして、血管も神経も傷つけないように抜くというのはかなり至難の業なんです。だからいつも色々考えるんですよ。できるだけ親知らず周囲の骨は削りたくない、そうなると親知らずを細かく砕いて抜歯しなければならなくなる、でも歯を砕こうとすると歯石中のＬＰＳが飛散する。どうしたらいいんだ？　毎回新しい治療法を発明するんですよ。

※ＬＳＰ（リポ多糖）
リポ多糖は病原因子として知られ、体内に侵入したグラム陰性菌の死滅や破壊により、免疫反応を過剰に亢進し、連続的あるいは同時多発的に重要臓器の機能不全を引き起こすことから、内毒素（エンドトキシン）ともいわれる。

マレ：へー！

吉野：今日もそうだったんですけど、あっ！と思って、こういう方法にすればいいって思いつくんですね。これは朝、神様と約束したからと思うんです。

マレ：おお！　素晴らしい、素晴らしい！

吉野：だから、うまくいくんですよ。今まで何万回もそういう危険な手術をして、まだＣＴがなかった時代なんて、本当にギャンブルに近かったんだけれども、新しい時代になって自由にＣＴが撮れるようになって、過去の症例をもう一回ＣＴ撮影してみて考察すると、ＣＴがないときのほうが手技が上手だったりするんですよ。

マレ：へー！

吉野：「よくも、こんな危険なことを俺はやっていたんだなあ」と思いますけれども、それはやっぱり神様と約束しているからなんですよ。だから今まで一度も事故も起こしてないし。

マレ：それを信仰と言う。

吉野：だから、それは自分のこと偉そうに技術が上手いとか言うつもりではなくて、ちゃんと**その約束の度合いが高いか低いかで医療ミスが起きるかどうかが決まる**んだと思うんです。

マレ：全くその通り。つまり、そういうことだよね。要するに、誰のために何をやるかじゃないですか。

吉野：そうですよね。

マレ：だから、**神様に約束するということは、神に対して責任を果たすと**

いう考えなんですよ。もちろん患者さんに対してもそうなんだけど、究極的には、神様に申し訳が立つことをしなくてはいけないということで、**自分の根本的な視線が神に向いているか、それとも自分の目の前のみに向いているか**なんですよね。

だから神に向くということが、もう信仰としては一番大事で、これがある人は※自浄能力もあるんですよ。人が見てないときに、神が見ていると思えて、神の前に喜ばれることとしなくてはいけないと思うから、自浄能力も湧いてくる。でもこれがない人が多いんですよね。

吉野：その通りだと思います。

マレ：カウンセラーをやっていてもそうだけど、要は手法なんですよ、多くのカウンセラーは。小手先の手法でクライアントと接するから、全然その人が良くならないというか、余計混乱して、最終的に僕のところに来る人もいます。やっぱり常に自分の方に向いちゃって、いかに自分がうまくやるかとか、いかに習った手法を相手に提供するかみ

※自浄能力
組織内にはびこる悪習・悪弊を、自ら（組織内部）のはたらきによって改善してゆける能力のこと。

たいになっているカウンセラーはダメですよね。どんなものでも本当に技術とか何もなくても、音楽なんか最たるものだけど、火事場の馬鹿力という言葉の通りに、人間って学んだものや、その時習得している技術以上の力が強いられて出ちゃう時もあるわけじゃないですか。それが火事のような非常事態じゃなくても常時なるべくそういう力を出したいわけですよね？

吉野：「HEAVENESE styleで、※踊るポンポコリンを演奏してくれ」とマレさんから前日の夜に楽譜がFacebookメッセンジャーで来て「マジ、あと半日しか、ね～じゃん！」と思ったけど、練習では何度か弾き間違えましたが、本番は一番上手く弾けました！

マレ：それはやっぱり信仰なんですよ。それは神がその力を与えてくれる。**神に誓ったんだから、絶対力与えてくれるに違いない、ここで諦めたり適当なことやったら神に申し訳が立たない**という、この信じ方がすごく大事だと思います。**信仰というのは根本的に生きる態度の問題**

※踊るポンポコリン
テレビアニメ『ちびまる子ちゃん』第1期作の初代エンディングテーマ曲。『ちびまる子ちゃん』の人気とともに、子供のみならず大人にまで大流行した。1990年4月にBMGビクター（現：ソニー・ミュージックレーベルズ）から発売された。

だから、**どこを見て、何を何のためにやるのかということ**じゃないですか。一番下のボタンを掛け違えてしまうと、服をきちんと着ることができないのと同じだよね。

吉野：今の医療界の批判をしてはいけないですけど、そうは言ってもやはりお金のためだとか、自分の権力のために医者をやっているという人は多いわけですよ。こんなコロナ禍にならなかったら、そういうところがバレることもなかったのかもしれないけど、今もう酷いでしょ？　特に※御用学者と言われている医者たちは、神を見てないどころか目の前の患者すら見ていない。見ているのは自分がいかに注目を浴びるか、どれだけ出世できるか、いかに金を儲けられるのかばかり。ワクチンに至っては、我々の遺伝子が操作されてしまうかもしれないっていう問題が孕んでいるのにね。

マレ：ほんとですよね。恐ろしい話。

※御用学者
語源は、幕府に雇われて歴史の編纂など学術研究をおこなっていた者のこと。転じて今日の日本では、「政府や財界、権力者に迎合し都合のいいことを唱える学者」といった意味で使われる。

第二章　生きることとは、即ち意思をもつことである

1．宇宙の起源とは？

吉野：次は第二章です。「生きることとは、即ち意思をもつことである」という事がテーマです。その前に、４回目の※Bible Reality でマレさんが言っていた、「聖書による宇宙の起源と最新の量子物理学が同じだ」ということで、そこを最初にお話していただけますか？

マレ：僕は科学者ではないですけど、さっきもこの話が出ましたが、聖書の何が面白いかと言うと、科学が発展すればするほど、「聖書の記述が、ほらその通りだったでしょ！」という話がどんどん出てくるわけですよ。科学が発展する前は、「こんなの信じてんの？」「宇宙の起源は神様だって、それバカじゃないの？」というふうに…。特に19世紀位からですね。悪い意味の※ダーウィニズムみたいなのが出てきて、この聖書叩きが始まったんですけど。ダーウィンだってキリスト教徒だから、神を否定してない文脈で「種の起源」と書いたのだけどね。だんだんそれが、宇宙創生のスタートが何もなかったんだ、全ては偶

※Bible Reality
石井希尚氏が主宰する、聖書がわかれば世界が読める勉強会。

※ダーウィニズム
自然淘汰説を中心とするイギリスの博物学者ダーウィンの進化理論を「ダーウィニズム」という。

然なんだ、という間違ったダーウィニズムに支配されているわけです。そのへんからですよね。聖書を信じているというのは、非合理的でおかしいのではないかって話がだんだん本当に19世紀以後出てきたんですよ。

今はその巻き返しで、それがどんどん逆に、「やっぱり聖書は正しかったんだよね」という話になって来ていて…。特に根本的な問題としては「第一原因」があるかないか？という話なんですよ。

存在論で言えば、**我々の存在が偶然なのか？偶然じゃないのか？この二つの仮説しかない**わけ。今、我々が生きているのには、意味があるのか、意味はないのか？今ほとんどの人が学校でも習う「進化論」というのは、長い時間の突然変異によってこうなったっていう、全く意味もなく偶然進化したという話。そうすると存在の大前提が「偶然」という話になる。この「偶然」という考え方で、人間は生きられるのかと言ったら絶対無理。だって「偶然」と言ったら意味がないわけだから、何もかもが全て偶然なんです。今、僕がバーンとよしりんをぶん殴ってもいい。なんでかと言ったら偶然だから…と言って。

2. すべては必然である

マレ：もし、全てが偶然であるなら、結婚するのも偶然。離婚するのも偶然。浮気するのも偶然。何もかも偶然。全部偶然で、意味がないということになる。そういう生き方は、**精神的な生き物である人間に対面するカウンセリングという仕事をしている者として言いますが、絶対無理な考え方なんです。**偶然では生きていけないんですよ、人間は。生きている意味があるということを確かめたいし、存在していていいんだということを知りたいんですよ！　これを僕は**「自尊心の欲求」**と呼んでいます。物心ついたら、生きていることに意味があるということを見つけたい。だから「これは偶然じゃない」ということを探すわけですよ。でも、日本は「進化論」しか学校で教わんないから、しかもそれも悪い意味のダーウィニズムで、物事の成り立ちは全て「偶然」としか教わらないので、人間の価値も低くなってしまうし、生きている意味もなくなって、なれの果ては、今のこういう自尊心の低い日本人の精神構造になっちゃったわけですよ。

ヒュー・ロス（Hugh Ross）という天才科学者がいます。彼は、この宇宙創生を研究していけばしていくほど、偶然なわけはない、素晴らしい秩序によって成立している、と思うようになった。この宇宙創生を、彼は一生懸命勉強しようと思っていろんな文献を調べまくった。そうしたら、彼が発見した自然科学的に証明されている宇宙の起源と言われるものと、世界中の誕生神話は全部矛盾していた。これは違うこれは違うと。こんなもの全部信じちゃいけないと思って、最後に聖書が残った。彼は、地球が存在するよりも遥か前の宇宙が専門なわけ。今は一応、その宇宙の起源は、150億年前とか言われている。その宇宙の起源が何であるかを研究をしている人。この超頭のいい天才学者でなければできない宇宙の起源が何かということを研究している人たちに限って言えば、この宇宙の成り立ちが偶然である、と思っている人の方が少ない。何でかと言うと、その宇宙の成立があまりにも秩序立っていて、これホントに偶然なのこれ？　というような秩序に本当に溢れているんですよ！　だから、これらの専門家は有神論的宇宙観の人が圧倒的に多い。下々のそういう科学を知らない人に限って

「別に偶然じゃない？普通に」と信じている。

吉野：私も科学者でもあるから、良く分ります。

マレ：彼は、子どもの頃に日曜学校に無理やり連れて行かれていたから、聖書だけは絶対読みたくなかったんですよ。でも、最後に一つ残った宇宙創生に関する最後の文献が聖書であったから、仕方なく読んだ。それで創世記一章一節の、「初めに、神が天と地を創造した」という一節から始まって、天地が6日でできて、7日目に神が休んだんだという、天地創造の有名なストーリーがあるじゃないですか…。この最初の一章だけで彼の衝撃は始まった。彼は「聖書の天地創造物語には、科学の基本である準拠座標軸がはっきりと示されていると言うんです。科学はどこに立って何を見るかという、準拠座標点、座標軸がなければ、何事も見れない。しかし、あの創世記の天地創造は、「地球の表面に立って、宇宙を見ている人の準拠座標点がはっきり定まっている。これで見ると実はこの通りになるということがわかった」と言うんです。

それで、彼は誰にも伝道されずに、むさぼるように聖書を読み込んで、黙示録まで読み終わった。そして最後に、こう思ったそうです。**「紛れもなく、これは神の言葉である。私は今日をもってこの言葉によって生きる」**と。彼は今天才ばかり集まる科学の世界の人たちに、聖書の信憑性とかキリストの福音を伝える※大伝道師になったんです。

吉野：僕も動画でこれを見ました。

マレ：日本は、※存在論という物が不在じゃないですか。なぜ、存在しているのか。この存在論を、**聖書は科学が発展する前から大前提として、存在たらしめた原因があるんだと言っているんです。**第一原因としての神という実存を聖書は言っているんであって、科学と一致するレベルの原点を語っている書物は聖書だけなんです。世の中には、神様がいて宇宙を創ったという神話という、似たような物がいっぱいある。それは、原点としての同じストーリーや同じ事象から枝分かれしていっ

※伝道師
伝道に従事する人。キリスト教では正教師の資格を持たない伝道者。補教師。

※存在論
哲学の一部門で、存在または存在者を扱う。さまざまに存在するもの（存在者）の個別の性質を問うのではなく、存在者を存在させる存在なるものの意味や根本規定について取り組むもので、形而上学ないしその一分野とされ、認識論と並ぶ哲学の主要分野でもある。

たんだから、それをいろんな世代に、人類がそれぞれ分かれていったときに、聞いていたものの焼き直しだと思うんですよ。

吉野：人類が移動し、枝分かれして、世界に散らばって行き、その土地土地の風土に合わせて焼き直しされていったと。

マレ：そして、量子物理学などの最新の科学が発展してきて、その最新科学の宇宙創生の説明や証明がどんどん聖書に近づく。だって、神によって、物理的な無から有である宇宙が始まったと聖書がずっと昔から言っていたことですよ。「無から有が始まった」ということを最新科学が言い出した段階で、「なんだよ、これ、科学がどんどん聖書に近づいてるじゃん。そんなのは宗教の話ってことだったのに、いやいや、それも今は説明できますよ」という話になって来ているわけじゃないですか。

吉野：物理学者の※武田邦彦先生が、そうよく仰ってます。

※武田邦彦
日本の工学者、元中部大学総合工学研究所特任教授。

3. 科学が進歩すればするほど、科学は聖書に近づいていく

マレ：物質の無っていうのはあり得るんだと。科学者が物質の無がありますって言った瞬間に、それ聖書の言葉ですって話になって。ヒュー・ロスのすごい所は、宇宙の起源を数字で表したことなんです。彼は数学で聖書を説明するんですよ。たとえば、無だったから0でしょ。そこに1が生まれたから、0＋1で1、0+1=1なんだと…。じゃあ、この1はどっから来たんですか？　すると無限大という、「∞」を書くんですよ。数学者たちは、「みんなここから1がおりてきたとしか考えられません」と…。だから、この無限大という存在がいないと1が来ないじゃないですか。でもここを無視している科学者が多くて、意地でも神を否定して、量子があったんですとかね。電子が※クォークがあったんですとか…。ここ、なんとかならないんですかね、よしりん！

吉野：仏教が全く同じですよね。※ブラフマンという概念があるけれども、それ正に量子物理学なんですよ。何もないんですよ。何もないいん

※クォーク
クォークは、物質を構成する最小の基本粒子で、アップ（u）、ダウン（d）、ストレンジ（s）、チャーム（c）、ボトム（b）、トップ（t）の6種類があるとされている。

※ブラフマン
インド哲学における宇宙の根理、最高の理法。宇宙の統一原理。万有の根本原理。梵（ぼん）。自己の中心であるアートマンは、ブラフマンと同一（等価）であるとされる。

ですけども、振動が始まるとそれが有になるんですよね。真空状態にすると何も入ってない。でも計測すると※ニュートリノだらけになっている。これなんなんだと。モノなのかと。究極になるとそれは、何かと言うと回っているだけなんですよ。だから回ったたっていうのが0が1になったことなんですよね。これ面白くって、ダーウィンの「進化論」のあとに※ヘッケルという発生学者が現れるんですけど、このヘッケルが**「個体発生は系統発生を繰り返す」**という概念に気がつくんです。お母さんのお腹の中の羊水は、約20億年ぐらい前の塩分濃度で、太古の地球の海そのものなんです。そこに、精子と卵子という角膜のない、遺伝子二重らせんでない一重らせんで半分しかないDNAの原核生物が受精によって真核生物に進化する。そして、この単細胞真核生物が細胞分裂して多細胞生物に進化する。そして、お母さんのおなかの中で、ウニみたいな時期があったり、イソギンチャクみたいな時期があったり、ミミズみたいな時期があって、エラができて魚に進化する。その魚がお母さんのおなかの中で、魚からサンショウウオみたいな両生類に進化し、トカゲの様な爬虫類に進化し、ネズミのよ

※ニュートリノ
ニュートリノは物質を構成する最小単位の素粒子の一つです。原子の直径はおよそ1000万分の1ミリ程度、素粒子はさらに原子の1億分の1以下の大きさとされている。ニュートリノには「電子型」「ミュー型」「タウ型」の3種類あり、それぞれ別の種類に変化するのが「ニュートリノ振動」である。

※ヘッケル
ドイツの生物学者、哲学者。ヘッケルは「個体発生は系統発生を反復する」という「反復説」という独自の発生理論を唱えた。

うな哺乳類に進化して最終的に人間になって出産して生まれると。これがだから、さっきのマレさんの話と同じで、偶然なのか、それとも生物は何かの意思をもって、変化、即ち進化したかって話なんですよ。絶対に偶然ではないわけです。**もし魚が陸に上がってる途中のものがあるはずで、**「あ、**ら、今でも魚が陸に上がろうとしてる途中のものがあるはず**で、「あ、あの鮭がいまオタマジャクシになろうとしている！」というのを、時々見れるはずなんですよ！

マレ：その通り！　※ミッシングリンクが絶対見つかんないといけない。

吉野：或るいは、**あのチンパンジーが偶然人間になろうとしている、というのを今でも散見できる、もし偶然で何かが起こっているのなら。**

マレ：そもそも、生まれてくる人が人間かどうかわかんないです、偶然だったら。

※ミッシングリンク
生物の進化過程を連なる鎖として見た時に、連続性が欠けた部分（間隙）を指し、祖先群と子孫群の間にいるであろう進化の中間期にあたる生物・化石が見つかっていない状況を指す語。失われた環ともいう。

吉野：そうそう。だから、ずっとある魚が俺は陸に上がりたいんだ。どうしても陸に上がりたいんだと…。何でかと言うと、その魚である彼には絶対にオレは海から陸に上がりたいという強靭な強い「意思」があり、彼にとってはものすごい辛いことなんだけれども、水しかないところから外に出ようとする努力をして、みんなから批判をされて、絶対海にいたほうがいいのに、楽なのに、周りの魚から批判されても、バカにされても、何が何でもオレは陸に上がる！と言っても出てきた奴らがカエルになったわけですよ。そのカエルがオタマジャクシのときは、お魚だったんだけど、**最初からどうしても俺は陸に住みたいんだと言った末裔が、聖書で書いてある通りの最後にできたのが人間な**わけですよね。

途中からは人間ができないから、最後の最後なんですよ。ここがやはり我々が何かする使命とか約束があって、**最後にできたわけだから、神がつくったものを見届けるという大事な仕事が人間にはある**わけですよ。それはヘッケルの系統発生学を見てもわかるし、量子物理学でも分かるし、兎に角、**誰かの強烈に強い意思の力によって、無が振動す**

るという進化が始まったんです。そして、振動するものが集まるっていう進化をして、それで無というものが有になったんだけれども、元々有は無であって、無は有なんですよね、だからね。これが**色即是空と空即是色**、ブラフマンとアートマンなんですよ！

マレ：聖書的宇宙観というのは、物質の無から有がつくりだされて、その物質が無のときに何があったかと言えば、非物質で全てをつくり出すことができる、今風に言ったらエネルギーなのか何かってことなんですよ。物質の存在は、非物質に根元的な原因がある。それは、物理的な宇宙ができた瞬間に、時間というものもスタートしているわけだから、時間をも超えている。非物質で時間をも超えた実存があって、永遠という概念の中で、誰によっても何によっても影響を受けずに、誰によってもつくられなかった存在。こういう存在がないと、存在そのものが成り立たないわけですよ。**存在を可能にする原因がないと…。これを聖書はずっと昔から言っている**わけですよ。

吉野：科学的にも、発生学的にも、医学的にも完全に同意します。それは日本語で神になっちゃったからいけないんだけど…。

マレ：これが、創世記第一章一節です。始めはヘブライ語ではエロヒムと言いますが、そこからヤハウェになったりして、言語的な意味の変遷というのは今ちょっと置いときますけど、今言ったような宇宙の存在の第一原因としての、実存を聖書がいうところの神と言っていて、それが現代の英語の大文字から始まるGodというのですよ。

日本で八百万の神と言ったときの神の概念と全く違うから、日本人と語るときに日本人が使う神様っていう言葉で聖書を読もうとすると、もうわからないっていうか理解できなくなる。

だから、よしりんと何回目かにお会いしたときに、「僕は、毎朝創造主に向かって祈るんだ」と聞いたときの、その「創造主」という使い方はすごく大事。もともと、日本は「人柱」と言うように、戦争で亡くなった方も神様になるし、秀でている方は神様、目に見えないものはみんな神様で、日本の神という概念は、良いこともすれば悪いこともする神様なんですよ。

それと聖書が言っている、**根本的な実存**っていう意味での神とは全く違うから、そこは分けて考えることがすごく大事。でも、多くの人はこの言語的な意味をわからないで「神」と使ってしまう。科学者の中にも頭が良いのに、そういう意味で神を使うから、神を否定するために科学を持ち出すんですよね。これをさっき言ったヒュー・ロスらは、その誤解を解いている。

日本でも天野 仁《理学博士》さんが、※著書の中で、「日本でも科学の領域では、聖書はその通りに信じて問題ないと考えている人が多い」と書いてあったんですよ。日本人なんだけど。それはキリスト教という意味じゃなくてね。わかる人はわかるんだなと思って、そういう人が増えなきゃいけないと思いますよね。

4．感情や意思は、量子物理学的波動で検出できる時代

吉野：それこそ、ちょっと聖書の話に戻りますけど、人類最初の殺人が

※天野 仁著
「聖書の科学」（ＰＨＰビジネスライブラリー）

アダムとイブの息子のカインとアベルという話です。つまり、嫉妬です。カインとアベルの話を知らない人がいるかもしれませんので、ここで述べると、２人は各々の収穫物をヤハウェに捧げる。カインは収穫物を、アベルは肥えた羊の初子を捧げたが、ヤハウェはアベルの供物に目を留めカインの供物には目を留めなかった。これを嫉妬したカインはその後、野原にアベルを誘い殺害する。

つまり、我々が無から有、そして単純な生物から高等動物である人間に進化して得たものと失ったものがあって、**嫉妬という概念は哺乳類からできて、人間でこの嫉妬がマックスになる**んですよ。ヘビとかカエルに嫉妬はないんですね。彼らは卵で生まれてきたら、動くものを食べる本能があるから、パクって場合によったら兄弟を共食いするわけですよ。だから確率論的に50匹とか１００匹とか卵を産んでおかないといけない。でも、それが哺乳類になって、ある程度育ってから生まれる。おっぱいの数が例えば6個あるんなら、6匹の子どもが生まれればいいんですけど、7匹目になると、乳首を吸わないと生きていけない。そこで**殺すではなくて、嫉妬するという概念を神が与えたん**ですね。

マレ：嫉妬するの？　動物でも。でもそうだ、ペットなんかは嫉妬しますよね。それわかる。

吉野：それでね、正にその実験をうちでやったわけですよ。子猫が産まれたら、生まれた子猫と、母猫と、それより前からいる猫に量子波動機器のメタトロンで計測したんですよ。

マレ：へー！

吉野：メタトロンで計測するでしょ。そうすると母猫の感情は「愛・祝い・歓喜」がでたの。

マレ：そう出るんだ！　面白い！

吉野：それこそ量子物理学的に出るわけですよ。面白かったのは、うちに犬がいて、その犬をまず最初に買ってきたんですけど、その犬というのは番犬だから、待ってなさいって「待て！」とかやるわけですよ。赤ちゃんの時からメタトロンで「忍耐」という概念を持ってる。ところが死にそうな猫を、うちの息子が拾ってきたの。

マレ：うんうん。

吉野：「犬は3日の恩を一生かけて返す」、でも、「猫は一生の恩を3日で忘れる」と言うでしょ。ところが、その猫はずっと感謝している波動が計測されるんですよ！

マレ：ああ。忠犬ハチ公だ。

吉野：猫の方が感謝しているんですよ。

マレ：感謝しているのが猫なんだ！忠猫なんだ！

吉野：拾ってきた猫で測定すると、愛とか親切心とかそういうのが出てくる。その猫を拾ってきて、犬にメタトロンをやると嫉妬が出てくるんです。

マレ：面白い！

吉野：それで、次にその忠猫の彼女をもらってきて、赤ちゃんが5匹生まれたんですね。そうしたら生まれる前の日に、母猫をメタトロンで感情を測定すると、期待とかって母猫が思っているの。

マレ：へー！

吉野：で、赤ちゃん生まれるでしょ。そうしたら初産だから当然、驚きとか驚嘆とかの感情がメタトロンで測定されるんだけど、愛というのがすごく強く出てくるの、メタトロンで。あとは、祝いとか、歓喜とか。

マレ：すごいね、それ。

吉野：赤ちゃんたちは愛なのね。赤ちゃんたちもお腹から出ているから愛とか出ていて…。それを見ている犬がどうなったかって言ったら、また嫉妬というのと悲しみが出るの…。みんなが産まれた子猫の方に行っちゃうから。

マレ：そうか、そうか。

吉野：実はインコも飼ったんだよね。インコ2回死んだの測ったのかな。2回ともそうなんですけど、最初、死にそうなときは苦しみとか、そういう感情が出てるのね。

マレ：それは面白い。

吉野：ところが死んで数時間経ってから測定すると、苦しみとかって全部消えているのね。でね、友情とか出てくるんだね。

　俺はその時思ったのは、「何コイツ、育ててやったのに何タメロ聞いてんだよ」と思ったけど（笑）、死んで魂を失ってからそういう感情の波動が出てくるの。こういうのっていうのは、昔は宗教だったの。だけども、旧ソ連のスターリンの時代に数千万人殺したときに、おそらく人間の感情の波動計測をしてデータを取ったわけですよ。メタトロンは、旧ソ連が開発した波動測定器だから。ものすごい膨大な周波数のデータを持っていて、それで科学的に見ると動物の感情も測れるし、わかったのは夫婦喧嘩しているとお母さんの感情が悪い、と生後1ヶ月とか2ヶ月でもう赤ちゃんの感情に憎しみだとか、動揺とか出るの。

マレ：なるほど。

吉野：普通の赤ちゃんはみんな愛しかないの。生後3ヶ月まではね。こういうのがだんだん証明できるようになってきている。だから今まで「子どもは慈しみなさい」とか、「大事にしなさい」とか、「夫婦喧嘩しちゃいけませんよ」と、もう本当に※教育勅語みたいなことが本当に全部証明されちゃうんですね。

マレ：面白い！

吉野：それもさっきマレさんが言ったのと同じで、診断して薬を出して手術をするのがサイエンスだと思っている医者たちは、こういう量子物理学的なことを絶対に認めないの。

マレ：なるほどね。

吉野：でもこの量子物理学の原理は、我々が使っているパソコンの画像だとか、ＵＳＢのメモリもこの量子物理学の原理を使っているわけだ

※教育勅語
明治天皇が近代日本の教育の基本方針として、「忠君愛国主義と儒教的道徳が学校教育の基本である」と示した天皇のお言葉。

から、それを否定する医者である貴方は、パソコンの画面を見てはいけませんよ、USBメモリを使ってはいけませんよ、という話になるわけですよ。それは、ヒュー・ロス博士の話と同じ。

マレ：これちょっとね、面白い！　今、よしりんの話聞いてホント面白いと思った！　宗教的なこと言うと、人間って「人が救われました」とか、「試練から救われました」とか、「私はこれで天国に行けます」とか言うんで、すごく個人的な話になっちゃうこともあるじゃないですか。聖書には、個人的な人の話、民族や国の話もあるのですけど、被造物の救いも出てくるんですよ。つくられた全部の宇宙の救い。今、よしりんの話聞いて本当にピンときちゃった！　聖書に何が書かれているかというと、これ量子物理学の世界になったら、本当にこの言葉がそのとおりなんだなってことがわかる。その言葉を紹介。

「今の時の色々な苦しみは、将来私たちに掲示されようとしている栄光に比べれば、取るに足りないものと私は考えます。被造物も切実な思いで、神の子どもたちの現われを待ち望んでいるのです。それは被造物が

虚無に服したのが自分の意志ではなく、服従させた方によるのであって、つまり神ね。望みがあるからです。被造物自体も、つまりこの自然界全部、滅びの束縛から解放され、神の子どもたちの栄光の自由の中にいられます」ローマ人への手紙8章18〜19節

つまり、この被造物が全部があがなわれて、全ての秩序が回復される、環境問題も全て解決するという、最初に神が意図した世界に戻ることを今か今かと待ち望んでいるという箇所なんですよ。

これって、人間のことなのかなとか、でも被造物は元々ある自然全てですよね、動植物も含めて。**正にこれなんか量子物理学の世界で言ったらメタトロンで全部の自然界を測って、これを測定しようと思ったらもうできる世界になっているという話**ですよね。だから、神の意思とか、神の計画とか、被造物は人間の様にしゃべることはできないけど、量子物理学的にはそれを知ることができるようになる。それを自然は知っていて、その時が来るのを今か今かと待ち望んでいるんだという、凄い事なんだ！この言葉は、今日のよしりんへのプレゼント

だな！

吉野：ありがとうございます。だから、面白いんですよね。赤ちゃんを抱っこしているお母さんを計測すると、赤ちゃんとお母さん一緒の周波数が測定できるので、母子の愛の周波数計測もできる。同様にうちで時々来るんだよね、ペット。例えば猫がお腹がいたくなっちゃって、ウンチしなくなっちゃって何週間も経っているけどどうしたらいいんですかって。猫をメタトロンで測定すると、苦しみとか悲しみっていう概念があって、どこの臓器から出ているか測定できる。

マレ：それ森とかで測定する機械があるんですか？

吉野：できますよ。そういうのがあって、直径1・5㎞ぐらいまでは測定できるのが、ロシアにあるそうなんですよ

マレ：それやりたい。聖書の言葉とか、神の計画とか、こういうことを

読む、言葉で…。そうしたら、自然がどういうメッセージを出すのか。そういうのとか知りたいね。

吉野：逆に言うと、量子物理学学の悪用を多分している可能性も十分にあって、こういう雰囲気をつくるために、こういう量子物理学的周波数をもつ言葉を使えばいいんだとか、こういう量子物理学的周波数をもつコマーシャルをすればよい、とかがあると思うんです。それで実はうちに勧めている、ある内科医の先生が言っていました。彼が最初に言ったのが、「これっていくらでも悪用できますよね」と…。いくらでもできるってね。例えばの話、「患者を殺す」という周波数を量子物理学的にかけても、証拠は残らない、毒物がないから。

マレ：なるほど。

吉野：だから、これって使っている人の良心に依存して、成果が出たり出なかったりするんです。それって、測定者によってデータが変わるんじゃないかというけど、実は全くそのとおりで、実は**メタトロン測定者によっても変わる**んです。どれだけこっちが心がきれいな状態でやっているかっていうのがあって、それ心がきれいってのはウソつかないとかズルしないとかじゃなくて、さっき言ったどれだけちゃんと神と契約してるかの概念ですよ。神と契約するレベルでないと、量子物理学的医療機器は使いこなせないんですよ、本来は。

マレ：うん。

5．日本の神道は、量子物理学的波動で祓いを行ってきた

吉野：こんな実話があるんですが、3年ぐらい前かな？ メタトロン開発してるネステロフ博士という方がいて、その先生をロシアから呼んでの勉強会があったんです。ある治療家の人が、「メタトロン使ってカウンセリングすると、ある強い感情のクライアントを診ると、ずっと怒

りとか悲しみなどの強い感情を次のクライアントで引きずる感じがすると。そういうことって、実際はあるのですか？」と訊いたんですよ。ネステロフ博士は「あなたはちゃんとメタトロンを一人終わったあとに、部屋の空気を入れ替えたり、手を洗ったりしているのですか？」と質問したのです。その治療家は「別に何もしていません」と答えたのです。博士は「馬鹿者！」と言われて、「それはあなたがもらった悪い気（量子物理学的波動）を、そのまま、あなたが次々とクライアントに与え続けているのです。日本は神道で手を洗うとかお祓いするとか、いう習慣があると聞いていますが、それをやりなさい。」と言ったのです。当たり前ですよね。いいコンサートに行ったら、感動がずっと続いたり、いい話を聞いたら涙が自然と流れたりするのですから。これが気＝量子物理学的波動です。

だから**パンとやって空気を祓うとか、手を洗うとかという動作に、すべて量子物理学的に意味のある行動**で、なんで日本人なのにそれがわからないのって叱られていたんですよ。

僕はメタトロンで自分で自分の感情もよく測定しているんですけ

ど、僕は大体調子がいいとメタトロン的に、知的、勇気、洞察、それから臨機応変とか出るんですね。ところが悪性腫瘍の手術とかするとすごいの。直後に自分の感情を測定すると、嫉妬だとか、動揺だとか、怒りとかって出て…。結局、悪性腫瘍にそういう感情がある、その臓器を触っているから、ゴム手袋一枚だとしても…。その量子物理学的波動=気に、僕が侵食されるんですよ。

マレ：そうなんだ！

吉野：特に悪性腫瘍だとすごく出る。それで、僕は手術終わると絶対手洗ったり、頭洗ったりとかするんですよ、ジャーって流水で頭ごと洗うんですよ。それでちょっとしてから、もう一度メタトロンで見ると元に戻る。それやらないと直ぐは戻らないです。だから洗うってとても大事なんです、外科手術をする者にとって。手術をする前に手を洗うってことも、消毒してたりとか、そういうんじゃないの。**自分の身を清めること**なの。だから、**どれだけ手術をする前に丁寧に手を洗う**

かで手術の成果が変わる。

マレ：だから沐浴とか洗礼とか、そういうのも全部そうですね。

吉野：そう。全部意味がある。

マレ：そこには本当に今、量子力学的に説明できちゃうもんね。そういうことが起こるわけだから。

吉野：そう。でも、現代医学では手術する前は手を洗いすぎないほうがいいと、今は言うんですよ。手の皮脂が取れちゃうと感染しやすくなるからとか、皮膚がブラシで傷つくと感染しやすくなるとかいって。昔はヒビテンという、ものすごい強い殺菌剤でブラシでゴシゴシやるのが、今は普通の石鹸でそこそこ洗って、アルコールで消毒してからグローブ装着するので十分じゃないかと言われている。僕は未だにブラシで毎回毎回ガリガリやっている派だけど、こんなに手も腕も艶々していわけですよ。

マレ：ほんとですね。

吉野：なんでかって言ったら、自分がちゃんとここ（指や手や腕）から気を出しているから。どんなに石鹸で脂分取られたとしても、目的は手を洗うことじゃなくて、患者を治して神と朝約束したことが成し遂げられると思って手を洗っているのと、手にいるブドウ球菌を流しておけば手術には大勢がないっていうのと、さっき言ったここを見ているか、そこを見ているかの話なんですね。そういうのっていうのは、もうだんだん証明できるようになってきているから。

マレ：アメリカで、ある科学者が祈らないよりも祈ったほうが結果が違うっていう実験して、それは量子力学的には確実にそうですよね。祈ることによって、空気が変わる。量子物理学的に言ったら、そういうことが起こるってことじゃないですか。それが伝わっていって、なんらかの相手の変化をもたらすってことは説明がつくってこと。

吉野：NHKの確かアーカイブでも観られたと思うんですけど、有名な量子の光のスリット実験ってあるじゃないですか。真ん中が60何パーセントで。横が30何パーセントに普通は再現性高く法則性をもって散らばる。それを大学で研究していて、被検者が右に寄ってもらいたいって念じていると、寄ってしまうんですよ。

マレ：なるほどね。

吉野：それを何百人やってもそうなるんですよ。

マレ：うんうん。

6. 意思は光をも動かす

吉野：でもそれを古典物理学（ニュートン力学）では全く説明ができない。医学でも説明できないけど、量子物理学では、言ったらそっちにいってもらいたいっていうその周波数が、光の粒子を動かしている。すごく再現性が高い実験なんですよ。ならないものもあるんですけど、その光のスリット実験はすごく心で動くんですね。だから当たり前なんです。だって当たり前だけど、シュートしてあそこに入れようと思っている意思があるからボールが入っているので、たまたま入れたら偶然入るだろうと思ってないわけです。だから何もかも必然で、何もかもが意思が必要で、バスケットに入れるんだと、鼻をかんだあとティッシュペーパーをポイとゴミ箱に捨てるんだと、全部意思があるんだからそこに入る。

マレ：だから僕は人間のすごい意思の力の重要性を、聖書から教えているんです。「神の作品」とか「神の似姿」につくられたと聖書が言う意味は、人間が自由意志を持った生き物であるということで、神の属性の一部を受け継いでいるという意味です。神が意思の主体ですから…。それはすごく面白いっていうか、その理解が量子物理学的に深まって、面白いです。やはり人は神の作品、神の姿に似せてつくられたんですよ。

吉野：※フラクタルって言うじゃないですか。例えば組織があって分子があって原子があって電子があって素粒子があってみたいに。それ大きくなると、太陽の周りを地球が回っていて、その太陽系がまた銀河系を回っていて、その銀河系は銀河団を回っている。この意思の連続性が宇宙を作っているんです　そのフラクタルのひとつに、僕が医局員時代にやっていた研究のＢＭＰタンパクという物があるんです。カエルの精子と卵子が受精すると、最初水平に割れて北極と南極に分かれます。この割れる所を赤道面といい、上を北極側、下を南極側といいます。地球に赤道があって、北半球と南半球に分かれるように。これは重力という場がないと絶対に横にきれいに割れないんですよ。宇宙

※フラクタル
フランスの数学者ブノワ・マンデルブロが導入した幾何学の概念である。図形の部分と全体が自己相似（再帰）になっているものなどをいう。

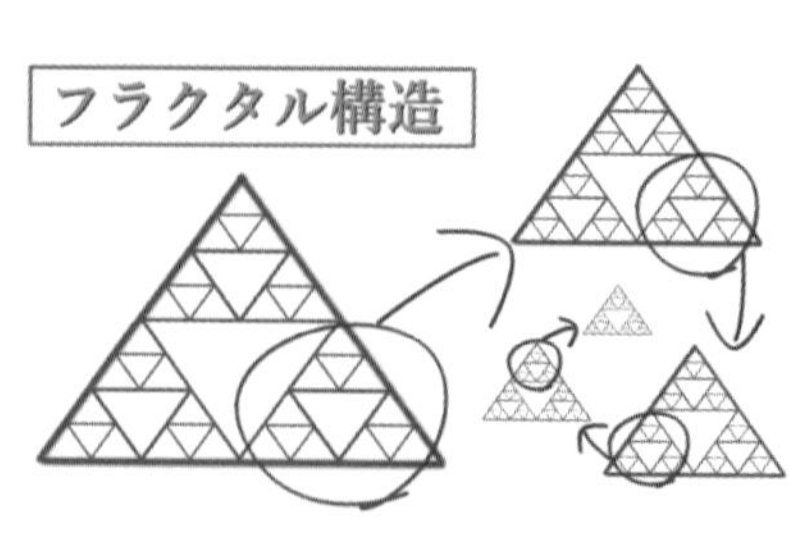

でやると細胞分裂がテキトーになって、ただの肉の塊になっちゃうんですね、オタマジャクシにならない。ところが重力があると、必ず上のほうである北極側がたくさん分裂して、下のほうである南極側が分裂が少なくなって、頭のほうが分裂が多いんですね。

マレ：へー！

吉野：その角度が約23度で傾斜軸ができる。これ地球の地軸と同じで北半球のほうが陸地が多いのと同じなんです。何をやっても生物ってそういう地球と同じ出来方がするんです。さっき、ヘッケルの発生学の話をしたように、何かの意思で、**細胞が地球と同じようになろうとする。神がその姿に似せて人をつくったのであれば、またこれもフラクタル**なんですよ。

僕が毎朝勝手にやっている儀式があるんですが、自分の気を第七チャクラから第一チャクラまで下げて、そのまま地球の中心まで下げて、一旦地球の第一チャクラで一体化する。その瞬間は、僕は母なる地球の胎児になって地球と一体化します。その地球から飛び出して、太陽の第一チャクラに入り、太陽系と一体化します。その後、宇宙の中心地、かつてビックバンが起きたところに行って、宇宙の第一チャクラと一体化します。最後は、図々しくも創造主である神の処に行き、神と一体化します。そこには、宇宙が創生したところですから、僕の細胞のDNAの情報もある筈です。このDNAの情報から僕をつくることが理論的にはできるわけですよね、と同じで私にも神の情報も入っているから、神と一体化している限り、私は全知全能の神であり、同時に神の作品の一部であって本当にちっぽけな物でもある。だから、神と一体化すれば、神の持っている意思っていうのを、僕は絶対に僕の中に内在しいていることを確認できるはずです。そこで、僕は声に出して「今日も一日、神様を幸せにするための責任ある行動を取ります、これを契約します」という誓いを立てるんです。その内なる神を幸せにする責任ある行動が、僕が行う手術であったり、事業の経営だったり、従業員とその家族の幸せだったり、患者さんとその家族の幸せだったりとか思っているんですね。だから毎朝、創造主である神の中に入りにいって、一体化すると決めているんです、勝手にね。神様は迷惑だろうけど（笑）。

マレ：なるほど。

吉野：神様に叱られちゃうのかもしれないけど…。

マレ：いやいや、全然叱られなくて、だって英語で言えば **In God** とか、**In Christ** とか、キリストの内にあってとか、内にあるっていう、我々の存在が神の内にあるっていう表現は満載ですからね。だからそれはすごく大事な考え方だと思いますね。

吉野：こういうのが、例えば僕が普段実践している医療の形は、東洋医学とか道教なんですけども、ほとんどこの概念なんです、神と一体化するという。道教の中に東洋医学があって、その東洋医学の中に鍼灸とか漢方があるんですけども、実は鍼治療も全く同じ概念で、一応理論はあるんですよ、※十二経絡というのが。例えばここなら合谷（ゴウコク）という教科書的なツボの場所がありますが、最後はやっぱり指で触診して、ここって感じて鍼を刺すんですけども、私の鍼の師匠がこう言ったの。「合谷に針を刺してはいけない。あなたが刺したところが合谷になる」と。それはちゃんと導いてくれるものだと。後付けの学問でいいから、鍼灸の理論は習うべきなんだけれども、そこに鍼が入ってもらいたい、「患者さんが治ってもらいたいという意思がなければ、そこに鍼は入らない。そうでなければ鍼治療はできない」と言うんですね、師匠は。だから、たぶん何もかも結局同じことなんです。だから医療の原点っていうのは、僕こういう事なんで、もちろん現代医療制度はそうはいかないですから、法律があるから免許も取らなきゃいけないから国家試験も通んなきゃいけないんですけどね。でもその前に、医療とは何か、医術とは何かという前提があって、それがなければ何もできない。

マレ：だって原点は、患者さんをどう観るかだからね。**患者さんをただ**

※十二経絡
経絡とは、身体内外に拡がる道路、或いは連経絡。もとは中国の中医学に由来し経験的な知見により見出されたもの。その気血の流れる通路のことを経絡といい、全身に12本の特性を持った流れがあるとされている。

の実験の道具みたいに観ている人は多いじゃない。

吉野：要は正にそれで、今世界中でワクチンの大実験やっているわけだからね。

マレ：神の作品であるという、自分もそうだけど相手もそうだっていう原点がなかったら、大事にできないわけだからね。

第三章　良く生きるために、聖書と医学の観点から

吉野：では第3章に移りますね。この章では、「我々が良く生きるためにどうすればよいのか？」ということを聖書と医学の観点からお話したいと思います。まずは、「言葉を大切にすることには、どのような意味があるのか？」ということ、そして。「書物のない時代はどうやって記録をしていたのか？」、さらに、「聖書や黄帝内経、ヒポクラテスの誓いにはどのようなことが書かれているのか？」。最後に、「神が我々にどうあってもらいたいと思っているか？」、このような内容で話をしてみたいと思います。

1．言葉を大切にする、宗教と哲学

吉野：まずマレさんから言葉というものの大切さを聞きたいと思います。

マレ：もう言葉でしょ、全ては。**人間の思考能力は言語能力です。言語力イコール思考力と言ってもいい**。どんな言葉がその人の頭の中に入っているか。人間は考えるときは全部言語で考えますからね。僕もアメリカで暮らしているときには、全てを英語で考えるから夢も英語になってくるし、そうすると動作も何もかも英語っぽい、アメリカ人っぽくなってましたね。ちょうどこの間も『HEVENESE style』のゲストで出演してくださった※坂東忠信さんが、中国人が日本語しゃべると性格も変わってくるって仰ってたんですが、僕もそのとおりだと思うんですよね。特に日本には「言霊」という言葉があるくらい古来から言葉というものに重きを置いてきたわけですよ。そして聖書の中でも神の言葉という概念をすごく大事にしている。**言葉の大切さという観点からすると、言霊という概念を持っている日本はどう考えても聖書と深く繋がっているとしか思えない。**言葉に重きを置く民族だと思いますよ、日本人は。

吉野：僕もそう思います。

マレ：人間は、自分は変えられないけれど自分を取り巻く環境は変えられます。常に自分を積極的かつ高めてくれる方向に導いてくれる情報、

※坂東忠信
元警視庁通訳捜査官外国人犯罪対策講師。

すなわち言葉が入ってくる環境に自分を置いておかないといけないから、聖書を扱う者はみな言葉の大切さは誰よりも分かっています。だからこそ発する言葉に責任があると理解している。例えば**自分で作詞作曲をして歌っているアーティストやミュージシャンが自分の作った言葉、歌詞の内容と全く違う生き方をしていたらちゃんちゃら可笑しい**いわけですね。だけど普通の商業音楽では、言葉の重みとか考えないから別にいいいわけですが…。

吉野：全く同感です。医療の世界でも、ドクターがお菓子を摂るなとか、インスタント食品を摂るな、とか言っているその張本人が、お菓子まみれインスタント食品まみれの生活をしていたら、そのドクターの言葉は、力をうしなう。でも、実際はそんな医者だらけですよね。医療の世界も商業医療と言葉の医療とに分かれています。ドクターの言葉で、患者を生かすも殺すもできるのですから、医師の言葉は重い。

マレ：たった一言で人を破壊することもできるぐらい言葉には力がある

わけだから、僕個人は語っている言葉と自分が矛盾しない生き方をしていることが一番大事だと考えています。常に自己吟味の連続なんですよ。そして、**聖書には神の言葉は両刃の剣と書いてある。**つまり語った内容がそのまま自分に返ってくるから、例えば厳しいこと語ればそのまま自分に返ってくる、その覚悟を持ってお前は語っているのか？と常に自分に問いかけねばならない。特に我々は信仰者の立場ですから、いつも神が見ていて、『お前がそう言ったからには、おまえが言ったのと同じ基準で、俺もやるよ』といつも言われていると思っているべきですよね。言葉の重みというと、今の日本の政治家はね、どれだけ言葉が軽いかって話じゃないですか。

吉野：そうですね。釈迦の話で、言葉に関して、面白いエピソードがあります。釈迦の活躍にともなって、嫉妬する同業の宗教家が増え、罵倒雑言を浴びせる者が居ました。その者の言葉を釈迦様は黙って聞いて、「客人に料理を振る舞って、その客が料理に全く手を付けなかったら、その料理は誰のもので有るか？」と問う。「そんなもの、家主である私の物に決まってる」と返すその者。「先ほどから、そなたは私に向かって色々言っておるが、私はその言葉を受け取らない。よって、その言葉はそなたのものである」と。その者は黙って何も言えなくなってしまった。つまり、そのくらい、言葉には人の感情も行動も変えてしまう、恐ろしいほどの力があると。

マレ：そうです。

吉野：マレさんもおっしゃるように、日本は元々言葉をすごく大切にしている民族でしたよね。戦争で負け、※ＧＨＱによって教育も含めあらゆることを民主化の名の下に変革されたり、ゆとり教育の弊害だったり、いろんな要因によって、昔は子供のころから家庭や学校で自然と教えられてきた言葉の重みというものが、段々といい加減に軽いものになってきましたよね。昔は言葉遣いっていうのは学校なんかでも厳しく指導されていました。例えば男の子だったら何々くん、女の子だったら何々さんと言っていたのが、※ＬＧＢＴ的思想から言うとお

※ＧＨＱ
連合国最高司令官総司令部。太平洋戦争後の日本を占領・管理するための最高司令部として１９４５年東京に設置。初代最高司令官はマッカーサー。

※ＬＢＧＴ
「Lesbian」（レズビアン、女性同性愛者）、「Gay」（ゲイ、男性同性愛者）、「Bisexual」（バイセクシュアル、両性愛者）、「Transgender」（トランスジェンダー、出生時に診断された性と自認する性の不一致）の頭文字をとり、セクシュアル・マイノリティー（性的少数者）の一部の人々を指した総称。

かしいなどという理由で、男も女も全部「さん付け」にしたりとかね。言葉によってどんどん思想が破壊されていくわけですよね。言葉にはその成り立ちに意味があったはずなのに、それ忘れさせるためにやってしまっているとしか思えない。今の例えば、「ＰＣＲ陽性」のことを「感染」と言っているのも、感染感染っていう言葉を使うことによって、感染という言葉の周波数でこれは病気だと、我々を洗脳しているんですよね。

マレ：本当にそうなるからね。「わー。陽性だーっ」て病気になっちゃうの。

吉野：そう、言葉で我々は操られていますよね。

マレ：そのとおりですよ。人間は言葉でできていると言っても過言ではありません。聖書で言えば、ヨハネの福音書一章一節は「始めに言葉があった」という有名な一節で始まります。言葉は神と共にあり、言葉は神であり、その言葉が人の間に住まわれたと。それが、キリストです。つまり目に見えない非物質の実存が、言葉としてのキリストを地上に送り、言葉（メッセージ）を託したということです。だから、キリストは「神の言葉」なんです。だから特に政治家のように責任のある立場の人は、言葉がいかに大事かということをもう一度見直さないといけないと思いますよ。

吉野：学校教育においても言葉の大切さを見直す必要がありますね。僕もお手伝いいさせていただくことになっていますが、今神谷宗幣さんたちが一生懸命子供たちを教育する学校を作ってらっしゃいます。いじめ問題が正にそうであるように、言葉は人を切る剃刀のように使えるものであるから、**いかに正しい言葉を使うことが大切かということをきちんと教育する必要がありますす**よね。

マレ：本当にそうです。僕みたいに言葉を使う人間は言葉でやっぱり失敗します。僕は話し方教室とかで話術を習ったわけではないですが、

『マレさんの話術は素晴らしいですね』などとよく褒めていただくことがあります。その才能は神が与えてくれた賜物だと思っていますが、話術に優れていることが、いいことなのか悪いことなのか、ちょっと迷ってしまうことはありますね。つまり、言葉を発する人間だから、時として言い過ぎてしまうこともあるし、言葉の使い方を間違えると、それで人を傷つけてしまいます。特に牧師という立場だから、それで批判受けることは多いんですよ。批判を受ける立場なので、言葉の重さというものは、僕は一般の人以上には考えているとは思いますけど、もっと僕よりも、政治家のほうが批判を受けなければならないと思います。

吉野：昔の中国の医学の中にそれこそ鍼灸科とか漢方科があったんですが、日本にも実はあったんですね。これが祝由科（シュクユカ）というものです。祝由科とは医師がどういう言葉を使って患者を治すかということを学ぶ科なんですね。実はこれはとても大事なことで、黄帝内経の中にも最近の医者はって書き出しでね（笑）、『漢方薬とか鍼に頼りやがって言葉で治せない』と書いているんですよ。

マレ：素晴らしいね！　それは素晴らしい！　素晴らしい賢者はやっぱりいるんですよ。

吉野：日本も医疾令といって、７０１年に制定された大宝律令の中に医療の法律があったんですよ。そこに呪禁（ジュゴン）という言葉が出てきます。それこそ呪文の呪ですよね。この口へんに兄も、しめすへんを書く祝うという字も同じなんですよ。兄は何か言葉を前に出すっていう意味です。だから祝福の祝の字も、呪文の呪の字も意味は同じなんです。日本で１３００年以上前に制定された法律の中にも呪禁、つまり言葉によって患者を治すことが大事であると書かれているわけです。

マレ：それすごい！

吉野：これができる人が真の医者なんです。テクニックは後からついてくるものでね。マレさんの音楽と同じで、**医者から魂を呼び起こす周波数が出ていることが大前提**なんです。もちろんしゃべり方のテクニックもありますが、その前にその人が本当に目の前の患者を救いたいと思っているのか？　目の前の悩んでいる人の魂を救いたいと思っているのか？　ということが肝心なんです。

マレ：そう、それが大事ですよね。誰が言ったかって大事じゃないですか。同じこと言っても、「おまえになんか言われたくないよ！」という場合もありますからね。

聖書の中に、こういう話があります。38年間一度も歩いたことのない人のところにキリストが行って、「立って歩け！！」と言う場面があるんですね。で、その人はキリストのただならぬ気配を感じて思わず立ち上がってしまうんです。その人の中でも38年も立ち上がったことのない自分に「立って歩け！！」なんてセリフを吐く人はいるはずがないという認識になっていたはずなんですね。でもそれを言った人物から、尋常ならざるオーラを感じ取った彼は「私は立てるんだ！」と思ったから立ち上がった。だから、**誰が言ったかというのが大事なんです**。これが信仰で神の奇跡ということなんです。**神の奇跡というのは神を信仰する人間側の意思との美しい相関関係があるん**です。だから、聖書によるとキリストは素晴らしい医者ということになるわけですよ。立ったことのない人を立つ気にさせる、言葉一つでその人の人生を変える、これはすごく重要なことですよね。

吉野：実は今日奇跡みたいなことがあったんですよ。うちのクリニックに、３・５㎝のゴルフボール大ぐらいの乳がんが皮下リンパ節に転移している未分化型という悪性タイプの乳がんの患者さんがいらしたんです。最初に診た医者からは、「もう治療法がないからとりあえず抗がん剤をやるしかないですね」と言われたんです。とりあえず１回やってみたら吐き気が出てすぐに髪の毛も抜け始めて、もうそれで２日間食べることができないという状態でうちに来院したんです。「もう、このままでは自分は死んでしまう、助けてください」と言って…。死ぬかもしれないけれども、「抗がん剤を飲むしか治療法がないんだから飲め」と言ったその医者の言葉で殺されかけていたんですよ。それで僕は「僕のこと信じてくれるんだったら、いろんな方法と英知を組み合わせれば絶対治す自信がある」と言ったんです。まず免疫力を上げるためにミトコンドリアがちゃんと活性化できるような周波数をかける量子物理学的な方法も取ったし、患者自身の血液から免疫細胞を取り出して培養して増やして患者に戻すという免疫療法もやりました。さらに大阪のＩＧＴクリニックの堀先生という方にもこの患者さんを紹介して動脈塞栓術という、がんを養う血管を塞栓、つまり詰まらせてがんの栄養供給を断つことでがんを死滅させるという治療法をやってもらったんです。カテーテルの達人じゃないとこの動脈塞栓術はできないんですけどね。

マレ：ふーん。

吉野：大事なのは、まず患者さんが「病気を自分で治せる」と自分を信じているること。そしてその方には息子さんと娘さんがいるんですけど、その二人や周囲の人達がお母さんを治したいという思いで一致団結している中に、僕もその仲間に入れてもらうかたちを取ったんです。そしたら、ここに来る直前に、「元々もう絶対治らないって言われたのに、全部治りました、がんを完全に消すことができました!」という連絡が入ったんですよ!僕も本当に良かったなと思ったんです。テクニックももちろん大事なんだけど、最初に「絶対に治します」といった一言が彼女を救ったんじゃないかと僕は思うんですね。この人を治すと神と約束しているんだという思いになってくると、こういう奇跡みたいなことが起こるようになってくるんですね。

マレ：素晴らしい!

吉野：それを最初からできているのは、もちろんキリストだと思うんですけども、別にキリストのものまねとかしなくても、そうありたいと僕ちゃんと全部朝声に出して言っているんですよ。言葉にして言っているんです。そういうことが奇跡を起こすというか本当に患者を治すことであるから、それがあって初めてカテーテルの治療だとか、テクニックの話になってくると思うんですね。

マレ：医者が発する言葉というのは本当に責任重大だと思いますね。多くの人が、医者を『お医者様』と思って見ているから、それは大事ですよ。

吉野：それで反対に殺しちゃっていることも実際はあると思うんですよ。

マレ：絶対ありますよ。僕もカウンセリングやる時は、もうどうしようもない人にも、「絶対に良くなります」と宣言するんですよ。相談者の方は僕を信頼して来てくれているから、僕にそう言われるとその気になって何も変わっていなくても元気になって帰っていくわけです。やっぱり僕もこれどうしたらいいかなとか、間違っても相談者の前では言えないし、そういう言葉で治すって本当に大事だと思いますね。

吉野：それを日本でも西暦７００年ぐらい、中国で言ったら紀元前から一番言葉が大事だと言っている訳だから、結局古今東西皆同じようなことをやっていると思うんですよね。だから言葉というのをすごく大事にしたほうがいいというのが僕の思いですね。

マレ：そのとおりですね。

第四章　新型コロナウィルスの時代を生き抜くためには

1．誰が何を目的に、どんなことをしたいのか？

吉野：最後に新型コロナウィルスの時代を生き抜くためにはどうすればよいのか？という話をさせていただきたいと思います。まず誰が何を目的にどんなことをしようとしているのかということなんですが、それは彼ら、いわゆるＤＳといわれている勢力がどんなに悪いと言っても、結局解決しないことだと思うので、我々自身がどうしたらよいのかをまずマレさんからお話しいただきたいと思います。

マレ：まずは自覚ですよね。僕が HEAVENESE style という番組の中のクライマックストークで日本人とは何ぞや？をやるじゃないですか。僕は牧師という立場で、今までずっと、心病んでいる人たちに、「あなたは神の作品なんだ」と言ってきました。つまり本質的にその人の存在の価値を高めるということをずっとやってきているんです。自尊心理論に基づいてカウンセリングやっているからなんですけども、まず自分の価値が分からなかったら自分を守ろうとも思わないし、自分を守ろうと思わなかったら他人も守らなくていいし、自分を愛せなかったら他人を愛せないわけだから投げやりになるし、人間関係も崩壊するんです。いかに自分の価値を高めるかが、全ての原点であるわけです。その立場でずっと教育運動やカウンセリングもやっていると、相談者の中には劇的に変わる人もいます。

吉野：同感です。

マレ：例えば、友人からの紹介で、ある男性のカウンセリングをしたことがあるんですね。この方はちょっと有名なスポーツマンなんですけど、とにかく酷い女遊びをしていて、そのうちその中の一人の女性と真剣になっちゃったということで、奥さんと離婚だなんだという騒動になっていたんです。

ただそうなって初めて自分がヤバいことをしていたんだということに気づいて、奥さんとは絶対離婚したくないとなって…。それで共通の友人の方から、「お前、藁にもすがる思いでマレさんとこのカウンセリング行ってこい！」と言われて僕のところに来たんです。ひどい話ばっかりでしたね。やったこと自体悪いんだけど、悪いにもレベルってあるじゃないですか。そのレベルがとにかく酷いんですよ。それでもなんか偉そうに人前では素晴らしいアスリートみたいになっていて、こいつ下だなと僕は最初に思ったわけなんですね。

吉野：ふーん。

マレ：下なんだけど、その人が「どうやったら変われるんですか？」と僕に訊いてきた。それでこれは本当に真剣に来たなと思って、僕は、「あなたみたいな、申し訳ないけど下の人はね、小手先のカウンセリングやってもダメだから、もう原点言っていいですか？」と言って、「あなたはね、神の作品なんですよ、神の目的のためにつくられたんです。神の目的を実現するために、あなたはデザインされて生きているんですよ。だからこれからは、神が喜ぶことをしなさい。神の目的のために生きなさい」と言ったの…。そうしたら急に顔が変っちゃって、流石に僕もヤベえ、どうなんのかな、発狂するのかなと思った。僕よりガタイもしっかりしているし、こりゃマズイかな？ そうしたら、彼は「そんなことは誰にも聞いたことはなかった！」と絶叫したんですよ。「知らなかった！」と叫ぶわけ。「本当なんですか－？」「俺は、先祖は猿だと思ってた！」と言うんですよ。だから「あなたは猿のような行動したんですよ」と僕は言った。あなたは唯一無二の神の作品だっていうことを、とうとうと述べたのね。そうすると本当にその人変わったんです、そのようにものすごく劇的に変わっちゃう人もいるわけ、あなたは神の作品だよと言っただけで…。

ところが、もっと効果があることは何か？といったら、それは日本人論なんですよ。「日本人というのはね」と言って、「あなた日本人なんだから！」と言ったときに響く人間にする。まず日本人であることを良く思えないと、存在そのものが神の作品であることも良く思えないんですよ。戦後の教育には日本人論が不在で、そもそも日本人であることに対して自尊心を植え付けないような教育がわざとされているから自分が何者かということが分かっていないんですよ。日本人であるということの自尊心がグーっと高まって、ほらそのルーツはね、聖書にこう書いてあるじゃんって言うと、もう何倍もの効果があるんですよ。

だからある時から、僕は今番組でやっているような、日本人とは何かって話を毎週水曜日に無料で※キックバックカフェでやるようになったんですよ。今は番組で最後の20〜30分だけクライマックストークしているのを、毎週2時間のトークを無料でね、何年やったかな？２０１２年から毎週やっていたんですね。そうしたら、うつの人も治るし、もう人々が激変したんです。ただ、はじめは中には、戦後教育のせいで、例えばアメリカはキリスト教の国だから素晴らしいんだけど、結局私は日本人だし…という自己矛盾を抱えている反日キリスト教徒もいっぱいいたんですよ。それじゃいかんと思って、反日ジャパニーズをバッタバッタと改宗させて真の日本人になってもらったわけ。これは机上の空論ではなく、カウンセラーとしての現場の声です。

日本人というのがどういう民族なのかということを、その精神性を

※キックバックカフェ
牧師・ミュージシャン・ベストセラー作家にして、結婚・恋愛カウンセリングの第一人者・石井希尚がオーナーのカフェ。東京都調布市にある。キックバックとは、英俗語で「リラックスしよう」の意味。あるときはカフェ、あるときはライブハウス、あるときはカウンセリングルームと数多くの顔がある。

ちゃんと伝えてくことによって、そんじょそこらのカウンセリングや投薬治療よりも遥かに効果があるということがもう実証済です。これは※戦後レジームからの脱却って話ではあるんだけど、これをいかに政治と違うところで伝えていけばいいのかということで、僕らは元々はエンターテイメントやっているわけだから、そこにこれを※エデュテイメントというかたちで混ぜていったんです。これは今のところ非常に効果がありますね。

吉野：本当にマレさんのお話を聞かせてもらっていると、音楽との融合というのがものすごい力を発揮しているとつくづく感じます。僕はじゃあどうしたらいいかと思ったとき、音楽はそんな上手じゃないし、治療でそういうのもできないから、お笑いでするしかない。そう思ったんです。だから僕の YouTube 番組はお笑い番組なんですよ（笑）。

マレ：それがいいですよ（笑）。

※戦後レジーム
戦後（第二次世界大戦後）に確立された世界秩序の体制（ヤルタなど）や制度の事を指す

※エデュテイメント
エンターテイメントなのに教育としても機能する形態。エジュケーションとエンターテインメントの混合語。

吉野：とにかくお笑いもエンターテイメントですよね。楽しくないと人って変わらないから。

マレ：政治家の政治運動だとみんな悲壮感漂っているからね。それじゃ人は変わらない。

吉野：洗脳するのに悲壮感を煽るのはいいかもしれないけど、覚醒させるのには夢とか希望だとか、喜びだとか、笑いだとか、そういうのがないと無理だから、私の芸風は笑いでやることにしたんですよ！

マレ：素晴らしい！

2．我々に課された課題、希望と未来

吉野：大体こんな感じなんですけど、最後もうひと言ずつぐらい我々言

いましょうか。じゃあ、マレさんぜひ。

マレ：このコロナ禍において※陰謀論とかいろんなものがあるけれども、日本人がどうやって今までの国難を乗り越えてきたかということを正しく理解できて、我々はそのＤＮＡを受け継いでいるんだと、このままではご先祖様に申し訳が立たないという道徳心さえ思い出せば、こんなコロナ茶番なんて屁でもないはずなわけですよ。**僕はその日本人のＤＮＡがまだ失われてないと信じています。**そのＤＮＡに届く話をすれば、必ず共鳴すると僕は信じているから、僕は絶対に日本は沈まないと信じています。

　今までも日本は滅びそうになったら、日本人の精神性、ＤＮＡが復活してきています。終戦間際に鈴木貫太郎首相も「土壇場になったときの日本人の精神を私は信じている」と言ったそうです。これ然りで、自ら敵艦に体当たりしていった特攻隊員たちのように、戦争で自分の死と引き換えに残された人たちに未来を託した人たちはみんな、その日本人力を信じたが故に命を捧げていけたと思うんですよね。そのメ

※陰謀論
ある出来事や状況に対する説明のことであり、他にもっともらしい説明があるにも関わらず、邪悪で強力な集団や人物による陰謀や謀略が関与しているとするもの。

ッセージを託されている、その彼らが託した未来に僕らは生きているんだと、それを正しく自覚するということがこの茶番を吹き飛ばす最大の力、防衛になると僕は信じていますね。

吉野：僕も全くマレさんと同意見なんですけども、あえて言うとなれば、このコロナの騒動は起こってほしくなかったことではあるんですけれど、これがあったが故に、もうまずお母さんたちが自分たちの子どもの未来を守らなければと立ち上がっていますよね。自分たちに未来があるということを気が付いたとき、今度は自分たちの祖先がいることに必ず気が付くんですよね。日本人が覚醒するということにおいては、この騒動は良かったことだと思う。幸いなことにアメリカの100分の1ぐらいしか人が死んでいないし、子どもは1人も死んでないし、実際のところ平均寿命実は延びちゃったりしているし、もちろん亡くなった方は大変だったと思うんですけれども、良いことがたくさん起きているから、もう人々は目が醒めつつある状況だと思います。僕はマレさんほど発信力はないけれども、影響力を行使できる人たちが集まると、何かが成ると思うんですけどね。

マレ：本当にそう思います。

吉野：僕たちの対談が、何か日本人を覚醒させるきっかけになるといいですね。

マレ：いや、絶対になると信じています。だって、その為に僕らは今日、会ったんじゃないか。日本人が覚醒しなければ、世界は覚醒しない。だって、日本が最も聖書的な国、聖書的な国民なんだから。よしりん、頑張ろう！

吉野：どうもありがとうございます！

おわりに

さて、この対談を読んで、皆さんはどんな感想があったでしょうか？よしりんこと、私がその感想を先にいわせてもらいます。実は、この対談収録のあと、マレさんから、私と妻のカウンセリングをしてもらいました。マレさんは、「カウンセリングなんてしてないよ、ただ話をしただけだよ」と言っていただきましたが、私は後頭部をハンマーで殴られたような気付きがありました。

それは、こんな話から始まったのです。

「よしりんさ、僕たち牧師は、人に説教をしなければならないときがある。そのときに、先ず自分の妻が幸せじゃないと、ダメなんだ。だから、牧師どうしで『やあ、君の妻はどうだい？』『まあまあだよ』みたいな話をするんだけど、自分の妻さえ幸せにできない男が、人を幸せにできる筈がないんだよ。だから、まあまあじゃだめだ。妻が自分の口で『私は幸せよ！』と、言ってくれなきゃだめなんだ。だから、よしりんも、奥さんを大事にしなきゃ。奥さんの顔をみれば、いや目を見ただけで、奥さんが幸せかどうかわかるんだよ」

この対談のとき、私がいつもFacebookで『息子の母親』と表現している妻が最初から最後まで同席していました。今思えば、妻にはあまりにもたくさんの苦労や迷惑をかけました。そして、いま私、吉野敏明が『よしりん』として存在しているのも、妻の大いなる助けがあったからです。マレさんの僕の瞳の奥を見ながら話すその様に、「あ、この人は何もかも分かっているのだ、この人の前では絶対にウソはつけないし、そのウソをつこうとすることすらできない、すごい力を持ってる人だ」と思ったのです。

今では、本当に心から妻に感謝が言えるのですが、以前では『妻に感謝しています』『妻のお陰です』などと会の席上などでは言っていましたが、それは形式上言っているような感じでした。それが、マレさんとの対談後、本当に心から妻に感謝の気持ちがあふれるようになったのです。しかも、それが妻や自分や家族の為でなく、本当に自然にその気持ちがわいてくると、不思議と色んなご縁が生じたり、信じられないような良いことが起こるようになったのです。

それから、私も毎朝、創造主である神に感謝の言葉と、神を幸せにするための責任ある行動をとる約束をしていたのですが、マレさんから「よしりんさ、約束じゃなくて契約、って言った方がいいよ。神との契約とは、すなわち自分に対する契約だからさ、約束とは重みが全く違うんだよ」と、この場でもアドバイスされ、その日から神と話すときは、常に契約をする事としました。それから、毎日が奇跡のような出来事の連続です。具体的にはいつか話す日が来ると思いますが、とにかく約束ではダメで、契約しないといけないのです。
この本が出版されたころでも、まだコロナ禍は続いているでしょうし、数年いや10年続くかもしれません。その10年後であっても、この本が古くならない様な対談をしたつもりです。

この対談の中の言葉に、あなたが悩んでいることの答えがあるはずなのです。そう、聖書的にこの対談を読んでもらいたいのです。そして、繰り返し読むことで、新しい発見があるはずです。だって、この対談を校正している、よしりん自身が、校正する度に、新しい気付きや発見があったからです。必ず、あなたにも、それが起こることを、よしりんは信じています。

本書が、悩んでいる人の一つの解決の糸口になることを願って、よしりんは筆を置きます。また、いつか皆さんと会いましょう！

吉野　敏明

◆吉野敏明（よしの　としあき）
医療問題アナリスト、医療法人社団誠敬会会長、誠敬会クリニック銀座院長、包括治療政策研究会理事長、元慶応大学医学部非常勤講師、前医療法人桃花会一宮温泉病院理事長、歯学博士、鍼灸漢方医家系11代目、作家。著書の『僕はノリちゃんである』はアマゾン経済政治小説部門で1位。著作に『本当に正しい医療が終活を変える』『量子波動器メタトロンのすべて』他。西洋医学と東洋医学、医学と歯科医学を包括した治療を使命に、日々の難疾患の患者の治療に臨む。

◆石井希尚（いしいまれひさ）/ Marre　（マレ）
10代の頃、序列主義の教育体制に疑問を抱き、日本初のフリースクール寺子屋学園を設立。教育問題と並行して音楽活動にも力を注ぎ、新人歌手のバックなどのキャリアを積み、91年、デビュー。93年渡米し、一般カウンセリング、プリマリタル・カウンセリング、聖書学などを学び、インターンを経て牧師に。

現在、自身の経営するカフェ「KICK BACK CAFE」にて、結婚・恋愛、問題を中心にカウンセリングを行う。ゴスペルシンガーとしても、「天国民／Heavenese」を率い、日本国内のみならず、海外においても精力的に活動を展開している。

　牧師、カウンセラー、カフェオーナー、ミュージシャン、作家、企業セミナー講師など、多岐に渡る。

ホームページ　http://www.marre.jp

◆吉野純子（よしの　じゅんこ）
医療法人社団誠敬会理事、合同会社トランステック代表、よしりんの息子の母親、歯科医師。

夫婦の断絶、親子の断絶、世代の断絶から蘇るための
ドクターと牧師の対話
～コロナウィルス禍における、信仰者と医療者が道を拓く～

2022 年 5 月 6 日　第 5 刷発行
著　者　石井希尚　吉野敏明
監　修　吉野 純子
発行者　釣部 人裕
発行所　万代宝書房
〒176-0002 東京都練馬区桜台 1-6-9-102
電話 080-3916-9383　FAX 03-6914-5474
ホームページ：http://bandaiho.com/
メール：info@bandaiho.com
印刷・製本　日藤印刷株式会社

ISBN　978-4-910064-51-2　C0036

装丁・デザイン／ルネ企画 小林 由香